ESTE LIBRO PERTENECE A:

AF277230

REBEL GIRLS

SOMOS CHICAS PODEROSAS

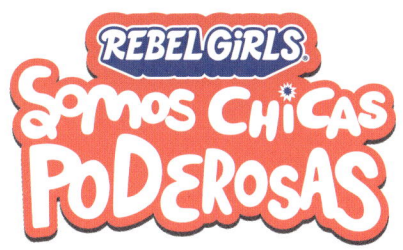

VIDA SOCIAL: GUÍA DE SUPERVIVENCIA

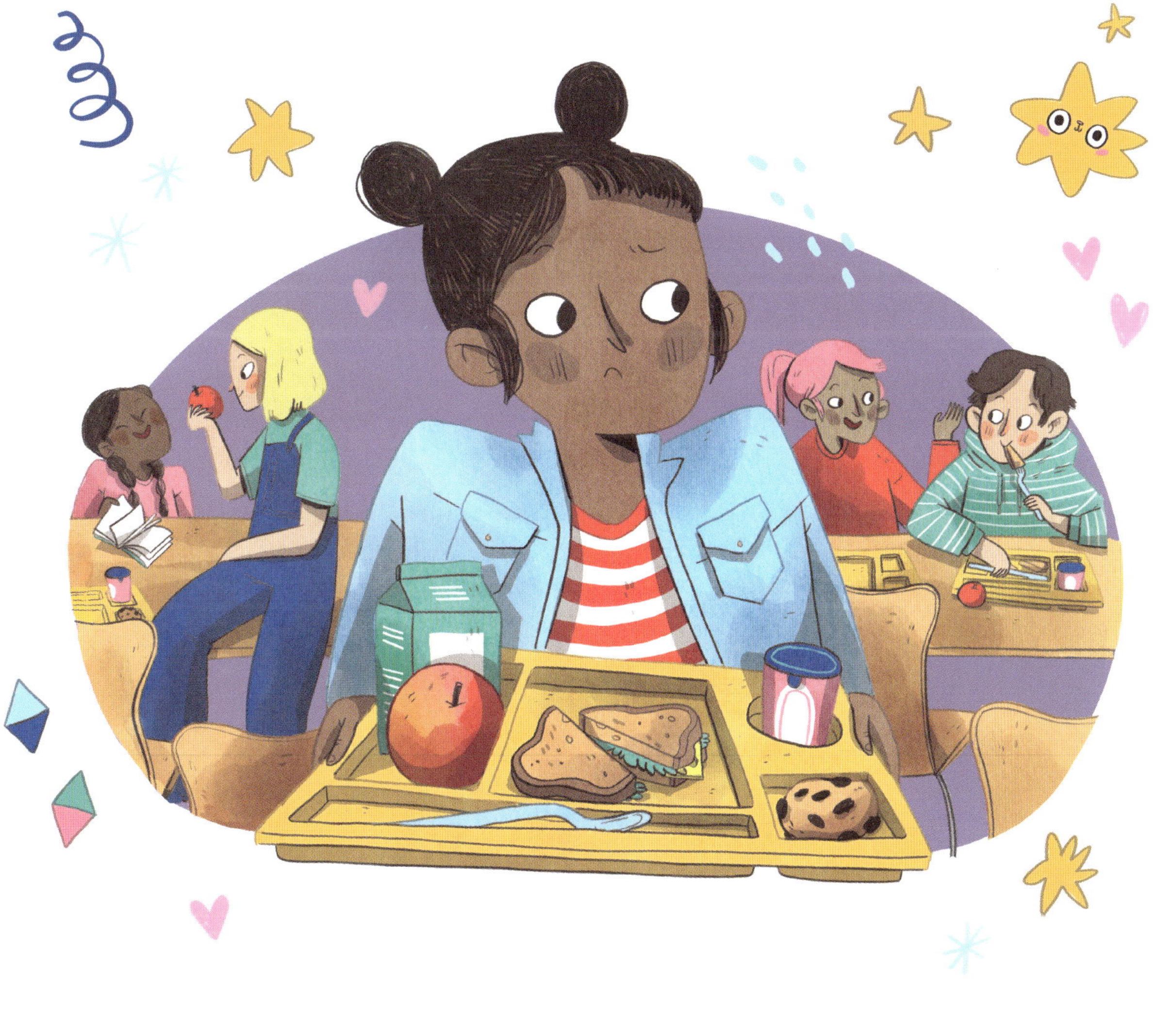

Copyright © 2024 by Rebel Girls, Inc.

Texto: Michelle Schusterman y Cara Goodwin
Dirección artística: Giulia Flamini
Ilustraciones de cubierta: Julia Christians
Diseño gráfico: Kristen Brittain
Redacción: Jess Harriton
Agradecimientos especiales: Eliza Kirby, Hannah Bennett, Jes Wolfe, Sarah Parvis

De la edición en español:
Traducción: Scheherezade Surià
Revisión: Manuel Barroso y Fernanda Gómez
Composición y maquetación: JuanStudio
Coordinación de proyecto: Lakshmi Asensio
Dirección editorial: Elsa Vicente

Publicado originalmente en Estados Unidos
en 2024 por Rebel Girls, Inc.
421 Elm Ave.
Larkspur, CA 94939
www.rebelgirls.com

Copyright © 2024 Dorling Kindersley Limited
Título original: Social Situation Survival Guide
© Traducción española: 2025 Dorling Kindersley Limited
Primera edición: 2025

Reservados todos los derechos. Queda prohibida, salvo excepción prevista
en la ley, cualquier forma de reproducción, distribución, comunicación
pública y transformación de esta obra sin la autorización escrita de los
titulares de la propiedad intelectual

El representante autorizado en el EEE es
Dorling Kindersley Verlag GmbH. Arnulfstr. 124, 80636 Múnich, Alemania.

ISBN: 978-0-2417-5291-3
002-341777-May/25
Impreso en China
www.dkespañol.com

Este libro se ha impreso con papel
certificado por el Forest Stewardship
Council™ como parte del
compromiso de DK por un futuro
sostenible. Para más información,
visita **www.dk.com/uk/information/
sustainability**

ÍNDICE

Introducción........................... 8

Capítulo 1
Conversación básica............... 10

Cómo presentarte cuando eres la nueva...11

Cómo llamar por teléfono 12

Cómo pedir en un restaurante..14

¿Qué dice mi cuerpo?...15

Cuando una conversación trivial se te hace un mundo........................20

Cuestionario: ¿Cómo de cómoda te sientes en una situación social?....22

Pregúntale a la experta..25

Capítulo 2
Hacer contactos.................... 27

¿Dónde están tus futuras amistades?...28

Cómo ser inclusiva..34

Cómo hacer y recibir cumplidos 38

Cómo probar algo nuevo 42

Qué hacer cuando llegas a una fiesta y no conoces a nadie 44

Qué hacer cuando te invitan a casa de alguien......................................48

Qué hacer cuando te gusta alguien
   (o tú le gustas a alguien)..49

Cómo hacer amigos en internet de manera segura...............................54

Cuestionario: ¿Dónde deberías buscar nuevas amistades?.................56

Pregúntale a la experta..59

Capítulo 3
La comunicación es fundamental .. 61

Cómo decir que no 62

Cómo pedir ayuda 68

Qué hacer si tienes problemas en la escuela.......................................71

Cómo aceptar las críticas 72

Cuestionario: ¿Eres asertiva? 76

Pregúntale a la experta..80

Capítulo 4
Situaciones complicadas........... 82

¡Tierra, trágame! Qué hacer cuando pasas muchísima vergüenza 83

Cómo tomártelo con filosofía, ganes o pierdas.....................................87

Cómo disculparte cuando hieres los sentimientos de alguien..........................89

Qué hacer cuando metes la pata en grande..95

Los enredos de los rumores, secretos y chismes...................................97

¡Ayuda! Me he olvidado por completo de... 100

Cuestionario: ¿Cuál es tu estilo de comunicación?.............................102

Pregúntale a la experta..106

Capítulo 5
Cosas difíciles 108

Cómo abordar el acoso escolar 109

Qué hacer cuando alguien está enfermo o se ha hecho daño 113

¡Ayuda! ¡Es una emergencia!..115

Cómo apoyar a una amiga que pasa por un mal momento.................116

Cómo actuar cuando una amiga se muda a otra ciudad......................121

QuizCuestionario: ¿Qué tipo de ayudante eres? 124

Pregúntale a la experta 128

Capítulo 6
¡Tú puedes! 130

Cómo ser una gran oradora 131

Cómo ser una lideresa 136

Qué hacer cuando las noticias te alteran 143

Cuestionario: ¿Qué cambios positivos puedes hacer? 147

Pregúntale a la experta 150

Recursos 152
Conoce a las creadoras 153
Lee más libros 156
Acerca de Rebel Girls 160

INTRODUCCIÓN

Hola, Rebelde:

Bienvenida a *Somos chicas poderosas: Guía de supervivencia para situaciones sociales*. Estamos encantadísimas de que estés aquí. Puede que conozcas esta colección o los libros de *Cuentos de buenas noches para niñas rebeldes,* o tal vez nuestro pódcast. O puede que no. Quizá te llamó la atención el título de este libro y pensaste: «¿Cóóómo? ¿Hay una guía para situaciones sociales? ¡Quiero tres!».

A medida que vas creciendo, se te irán presentando todo tipo de oportunidades emocionantes: hacer amigos y amigas, descubrir lo que te apasiona y aprender cosas nuevas. Encontrarás aficiones y pasiones y entablarás todo tipo de relaciones. Serás más independiente y te entenderás mejor a ti misma, además de averiguar qué papel quieres desempeñar en tu comunidad (¡y en el mundo!). Todas estas experiencias te ayudarán a convertirte en la niña rebelde inteligente, curiosa y amable que eres.

Pero, ¡ay!, a veces, estos momentos de alegría vienen acompañados de dificultades. Algunas situaciones sociales pueden parecernos un auténtico rompecabezas. ¿Cómo empezar a hablar con alguien nuevo en la escuela? ¿Qué debes hacer si ves que acosan a un compañero? ¿Cómo ayudar a una amiga que está pasando por un mal momento?

¿Te preocupa presentarte cuando eres la nueva del grupo? Pues echa un vistazo a los consejos de la página 11. ¿Qué puedes hacer cuando vives un momento muy vergonzoso? En la página 83 encontrarás consejos para superarlo. ¿Te acabas de enterar de que tu mejor amiga se muda y estás triste? Te echamos una mano en la página 121. ¿Te comen los nervios cuando ves las noticias de la tele o cuando hay algún problema grave en la comunidad? Ve a la página 143 y te ayudaremos a superarlo. ¿Te gusta alguien y no sabes qué hacer? Pues en la página 49 también te contamos qué hacer cuando tú le gustas a alguien.

Y no solo hay consejos, ¿eh? Esta guía está llena de cuestionarios divertidos sobre temas como dónde buscar amigos nuevos, cómo ser asertiva y qué puedes aportar al mundo. También hay muchas historias y frases de niñas rebeldes como tú, que se ponen nerviosas en situaciones sociales.

Socializar puede ser muy abrumador, sí, pero también divertido. Mientras tanto, nosotras estamos aquí para ayudarte en este increíble momento de tu vida, lleno de nuevas amistades y experiencias emocionantes. Con este libro, te sentirás preparada para afrontar cualquier reto que se te presente... ¡sea bueno, malo o superincómodo!

¡Sigue siendo rebelde!
El equipo de Rebel Girls

CAPÍTULO 1

CONVERSACIÓN BÁSICA

Vaya, ¡mira! ¿Ves a esa chica que te saluda desde la otra acera? Te parece conocida. La conoces de la escuela, ¿no? O espera, a lo mejor estaba en esas clases de baile a las que fuiste el verano pasado. ¡Ay, no, viene hacia aquí! ¿Se acaba de mudar? A lo mejor no la conoces y solo quiere conocer a los vecinos. O puede que fuera esa chica que conociste en el concurso de cálculo hace unos meses y se llevará un chasco si no recuerdas cómo se llama. Ahora ya está delante de ti y... «Vamos, cerebro, ¿cómo la saludo?».

Parece algo fácil, pero puede provocarnos MUCHA ansiedad, porque suele ir seguido de más conversación. Desde presentarte a tus nuevos compañeros de clase hasta entablar una conversación trivial con una vecina, en este capítulo repasaremos todos los aspectos básicos para que seas una experta de la conversación.

CÓMO PRESENTARTE CUANDO ERES LA NUEVA

Ser la nueva puede dar mucho miedo. La escuela puede parecerte un auténtico laberinto, no conoces a ningún profesor y además parece que los demás alumnos son amigos desde siempre. ¿Cómo encajas? ¿Y si no haces ningún amigo?

Y no se trata solo de la escuela en sí. ¿Y si te inscribes a un club o a una actividad como teatro o música? ¿Y si empiezas de voluntaria en un refugio de animales con un grupo de chicos y chicas que no conoces? Antes de entrar en pánico, respira hondo y date un respiro. Prácticamente nadie tiene un grupo cohesionado de amigos el primer día de escuela o de cualquier otra actividad. ¡Hacer amigos lleva su tiempo! Pero puedes hacer varias cosas para empezar bien cuando te presentes.

Prueba estas tácticas:

* **¡Sonríe!** Seguro que no eres la única que está nerviosa. Una sonrisa hará que los demás se sientan a gusto y les invitará a hablar contigo.

* **Di cómo te llamas.** Un simple «Hola, soy Gemma» bastará, y procura hacer una pausa para que los demás tengan tiempo de decirte cómo se llaman.

* **Haz una pregunta.** Si te limitas a decir hola, puede producirse el temido silencio incómodo. Las preguntas invitan a la conversación y, como la chica nueva que eres, lo más seguro es que tengas muchas. «¿Dónde está el gimnasio?». «¿Quién es el profe más simpático?». «¿Desde cuándo eres voluntaria?».

* **Pon atención.** A veces, estamos tan nerviosas que soltamos una pregunta y luego no escuchamos la respuesta. Escucha atentamente cuando hable la otra persona para mantener la conversación.

VOCES REBELDES

«El primer día de secundaria estaba supernerviosa. Respiré hondo y me dije que los demás también lo estaban».
Chase, 11 años, Colorado, EE. UU.

CÓMO LLAMAR POR TELÉFONO

¿Te aterra la idea de llamar a alguien? Tranqui, no solo te pasa a ti. Mucha gente se siente incómoda al teléfono. Además, escribir mensajes es mucho más fácil, ¿verdad?

Lo que pasa es que no siempre se pueden enviar mensajes. Igual que no todos los restaurantes permiten hacer pedidos por internet, por ejemplo. Puede que tengas que llamar al salón de belleza para pedir cita para la manicura, preguntar en una tienda de mascotas hasta qué hora están abiertos o averiguar si una

panadería tiene productos veganos. A veces, la única opción es llamar por teléfono... ¡y no pasa nada! Solo necesitarás unos minutos de preparación si te sientes abrumada.

✳ **Toma notas.** En primer lugar, toma notas sobre el motivo de tu llamada. Por ejemplo, si vas a pedir comida, apunta el pedido exacto por si se te queda la mente en blanco durante la llamada. Tener las notas a mano te ayudará a relajarte.

✳ **Evita el ruido de fondo.** Intenta estar en una zona o habitación tranquila antes de hacer la llamada. Informa a los familiares o amigos que estén cerca de que vas a hablar por teléfono para que no te interrumpan.

✳ **Habla clara y educadamente.** Llames a quien llames, habla como lo harías con un profesor y no como lo harías con tu mejor amiga. («Hola, soy Jackie», no «Eh, ¿qué tal?») Si llamas para charlar con una persona concreta, di su nombre y también el tuyo. («Hola, soy Amy. ¿Está Sabrina?»). Si llamas por otro motivo, como pedir comida o preguntar por el horario comercial, no hace falta que te presentes en tu saludo. («¡Buenos días! ¿A qué hora cierra hoy la biblioteca?»).

✳ **Habla más despacio de lo habitual.** Ya te habrás dado cuenta de que es un poquito más difícil entender a alguien cuando no ves cómo mueve los labios.

* **Da las gracias.** Al final de la conversación, agradece el tiempo al interlocutor. No olvides despedirte antes de colgar.

* **Deja un mensaje.** Si haces una llamada y entra directamente el buzón de voz, ¡que no cunda el pánico! Preséntate, explica por qué llamas (utilizando las notas si las necesitas) y deja tu número de teléfono para que te devuelvan la llamada.

VOCES REBELDES

«Soy más fuerte que mi ansiedad».
Emma Stone, actriz

CÓMO PEDIR EN UN RESTAURANTE

Estás sentada en una larga mesa con tus compañeras de futbol después de un partido. Todo el mundo está riendo y hablando y el restaurante está a reventar. De repente, ves al camarero (mesero) a tu lado.

—¿Os tomo nota? ¡Ay, Dios! Se te atasca el cerebro y abres la boca, pero no te salen las palabras. Pedir comida en un restaurante puede ser intimidante. Cuando eras más pequeña, era un adulto quien le decía al camarero lo que querías. Pero ahora ha llegado el momento de que pidas por ti misma. Si hablar con un camarero te hace sentir un poco nerviosa, ten en cuenta los siguientes consejos cuando salgas a comer.

* **Mira primero la carta.** Salir a comer es una ocasión divertida y es fácil dejarse llevar por la conversación con todos los comensales. Lee el menú o la carta cuando llegues al restaurante para saber lo que quieres cuando venga el camarero. Si sabes adónde vas con antelación, puedes echarle un vistazo a la carta antes de ir.

* **Saluda al camarero.** Es más educado que lanzarte a pedir sin más. Basta con un simple «hola».

* **Habla despacio y con claridad.** Los restaurantes pueden ser ruidosos, con mucha cháchara y ruido de cubertería alrededor. Mira al camarero y habla alto para que te oiga bien.

* **Ten a mano el menú.** Si te quedas en blanco, ¡no te preocupes! Señala el plato de la carta que se te antoje.

* **Da las gracias.** A veces, los camareros tienen que lidiar con clientes maleducados. Un gracias y una sonrisa les demuestran aprecio y les alegran el día.

¿QUÉ DICE MI CUERPO?

Está claro que las conversaciones se basan en palabras. Pero mientras mueves la boca, el resto de tu cuerpo también se comunica, aunque no te des cuenta.

Imagina que le dices a una amiga que has perdido el collar que te prestó. Después de disculparte, te pone una mano en el brazo y te dice: «¡No te preocupes!», con una sonrisa radiante. Seguramente te sentirás aliviada de que no se haya enfadado.

Pero ¿y si murmura un «no te preocupes» cruzándose de brazos y mirando al suelo? Oh, oh. Algo te dice que deberías preocuparte. Porque, a pesar de lo que te

VOCES REBELDES

«Sobre todo, no temas los momentos difíciles. De ellos sale lo mejor».
Rita Levi-Montalcini, científica

dice con palabras, su lenguaje corporal deja bastante claro que está enojada.

El lenguaje corporal puede ser consciente, es decir, que hacemos gestos a propósito. Cuando te pones en pie y animas en un partido de futbol porque alguien anotó un gol, empleas tu lenguaje corporal para demostrar lo feliz y emocionada que estás.

Sin embargo, el lenguaje corporal también puede ser inconsciente. Cuando la persona que te gusta pasa por delante de tu taquilla, puede que te sonrojes, te remuevas nerviosa y sonrías sin darte cuenta. No has gritado: «¡Oye, me gustas!», pero tu lenguaje corporal está intentando comunicarlo.

El lenguaje corporal abarca...

* **Expresiones faciales.**
  Sonreír, fruncir el ceño, poner los ojos en blanco, arrugar la nariz... todas comunican mensajes muy distintos.

* **Postura.** ¿Mantienes la cabeza alta o llevas la barbilla hacia el cuello? ¿Cruzas los brazos o juntas las manos detrás de la espalda?

* **Gestos.** Cuanto más emocionadas estamos, más tendemos a mover las manos y los brazos. Puede que hagas gestos con las manos cuando estés entusiasmada o cierres los puños cuando estés enfadada.

* **Contacto visual.** A muchas personas les cuesta ocultar sus emociones, porque los ojos tienden a revelar cómo nos sentimos. Y a algunas personas, incluidas muchas neurodivergentes, les es incómodo establecer contacto visual.

* **Tacto.** Dar un abrazo, chocar los cinco, dar palmaditas en la espalda: la forma de tocar a una persona puede decirle mucho.

* **Tono.** ¿De cuántas formas distintas puedes decir la palabra «sí»? Puede ser un «sí» emocionado, confundido, disgustado, triste, temeroso, sarcástico... El tono de tu voz dice tanto como tus palabras.

¡Pose de superhéroe!

Ajustar tu lenguaje corporal de forma consciente puede cambiar tus sentimientos y tu autopercepción. Cuando estamos nerviosas, nuestro cuerpo tiende a «encogerse». Si encorvamos los hombros o inclinamos la cabeza, nuestro cuerpo le está diciendo al mundo: «Por favor, no me mires, ¡estoy muy nerviosa ahora mismo!».

Pongamos que tienes que hacer una presentación delante de tus compañeros, o que es tu primer día en el equipo de natación..., básicamente cualquier cosa que te dé ansiedad. Y tú solo quieres estar tranquila y segura de ti misma. ¿Quién tiene más confianza que un superhéroe?

Prueba lo siguiente: ponte delante de un espejo y adopta la pose de un superhéroe. Planta los pies firmemente en el suelo, separados a la altura de los hombros, coloca las manos en las caderas con los codos levantados, alza la barbilla y sonríe durante cinco minutos. Los estudios demuestran que la postura del superhéroe nos ayuda a sentirnos más seguras.

Imagínate esto

Penny siempre ha sido muy tímida. Nunca levanta la mano cuando el profesor hace una pregunta, aunque se sepa la respuesta. Prefiere ver pelis con un puñado de amigas íntimas que ir a una gran fiesta en la que probablemente no conozca a todo el mundo. Y aunque le encanta jugar al tenis los fines de semana para divertirse, la idea de jugar un partido delante de una multitud hace que le flaqueen las piernas.

Así pues, cuando los padres de Penny la envían a un campamento de tenis durante las vacaciones de verano, la pobre solo piensa que va a ser una pesadilla.

Penny se abraza a su mochila y a su raqueta de tenis al bajar del autobús. El campamento de tenis está lleno de chiquillos, y tiene un nudo en el estómago. Todo son conversaciones, risas y abrazos. Las chicas se reencuentran con las amigas que hicieron el verano pasado, y Penny se hace a un lado. Quiere hacer nuevas amigas, pero le cuesta horrores.

Los monitores empiezan a repartir helados. Uno se da cuenta de que Penny está observando a los demás chicos y chicas que hablan y ríen. —Prueba lo siguiente —le dice el instructor con un guiño—. Elige a alguien que te parezca agradable y sonríele. ¡Y ya!

Penny traga saliva nerviosa y asiente. Mira a su alrededor hasta que ve a una chica con una mochila y una raqueta de tenis. Se le acelera el corazón y espera a que la chica levante la vista y la vea. Penny sonríe. La chica le devuelve la sonrisa... y se acerca.

–Hola, soy Heather –dice–. ¿Quieres un helado?

–¡Bueno! –Penny no puede dejar de sonreír cuando Heather empieza a hablar de sus tenistas favoritos.

Quizá el campamento de tenis no sea tan malo al final.

CUANDO UNA CONVERSACIÓN TRIVIAL TE ABRUMA

Entras en el ascensor (elevador) vacío de tu edificio y pulsas el 12. Pero justo cuando se cierran las puertas, alguien mete el brazo para volverlas a abrir. Es una chica cuya tía vive en el puerta de al lado, y ahora está a tu lado en el ascensor. Y son doce pisos. ¡Doce! ¿Y ahora de qué vais a hablar?

Estar ahí parada en silencio puede ser muy incómodo. Por eso se dice que la «charla trivial» es una aptitud social muy valiosa. Esta charla trivial es una conversación ligera e informal sobre temas de los que todo el mundo tiene una opinión formada, ya sea el tiempo que hace, las últimas películas que se han visto o las comidas favoritas. Si entablar una conversación trivial con un desconocido —o incluso con alguien a quien conoces un poco— te pone nerviosa, no eres la única. Sin embargo, los estudios demuestran que son buenas para nuestro bienestar mental. Según un artículo de la revista *Discover*: «Entablar una relación con desconocidos hace que la gente se sienta comprendida, respetada y validada emocionalmente». Como lo lees: pasar un ratito charlando sobre K-pop con la chica del ascensor puede que al principio te sea incómodo, pero al final puede que estés de mejor humor. Y quién sabe, ¡puede que hasta hagas una amiga nueva!

Ahora en serio, ¿de qué vas a hablar?

Pues aquí van varios consejos para hablar en distintas situaciones:

* **Los cumplidos son estupendos.** Aunque no es buena idea hacer comentarios sobre el cuerpo de alguien (ni siquiera de forma amable), elogiar cosas como la ropa o las joyas puede ser una buena forma de romper el hielo. ¿Lleva un libro que has leído? ¿Lleva la camiseta de un grupo que te encanta?

* **El contexto ayuda.** Tu entorno y tu situación os dan a ti y a la otra persona cosas en común. Por ejemplo, si estás en la sala de espera

del dentista con otro paciente, podéis hablar un rato sobre vuestra experiencia con los *brackets* hasta el momento.

* **Pregunta y responde.** Preguntas sencillas como «¿Qué tal el fin de semana?» hacen avanzar una conversación. Eso sí, cuando te toque responder, no te limites a «sí» o «no»: ábrete un poco. Por ejemplo, si alguien te pregunta qué tal fueron las vacaciones, no digas «bien» y ya. Cuéntale cómo fue el viaje para ver a tus primos o lo bien que te lo pasaste en el pueblo.

VOCES REBELDES

«Estaba en una fiesta familiar. Conocí a una chica muy linda cuando le dije que llevaba un vestido precioso». Olivia, 13 años, Londres, Reino Unido

Cuestionario: ¿Cómo de cómoda te sientes en una situación social?

1. **¡Se acerca tu cumpleaños! ¿Cuál es la forma perfecta de celebrarlo?**

   A. ¡Con una FIESTA! No puede ser de otro modo. Un fiestón con todos mis amigos. Baile, comida, karaoke... ¿Hay algún concierto al que podamos ir todos juntos?

   B. Algo divertido con un grupo reducido de amigos, como ir a patinar. Y después podemos ir por un helado.

   C. Invitar a mis amigos a una noche de juegos de mesa, o quizá hacer una pijamada. Podemos pedir pizza y comer pastel de cumpleaños.

   D. Solo mi mejor amiga y yo viendo comedias románticas con un tazón gigante de palomitas y *cupcakes* de mi pastelería favorita.

2. **Ha sido una semana estresante en la escuela: has tenido que hacer un trabajo en grupo, ha habido una prueba importante de atletismo y un examen de ciencias sociales demoledor. Ahora por fin llega el fin de semana. ¿Qué plan tienes?**

   A. Salir con todos los amigos que pueda. Podríamos pasarnos el día de compras, ir al cine o a la pista de patinaje sobre hielo.

   B. Mi mejor amiga está en el equipo de hockey y tienen partido. Iré a animarla, ¡es una buena forma de soltar todo el estrés!

   C. Mi forma favorita de relajarme es invitar a unas amigas a casa para hacer galletas y escuchar música.

   D. A mí dame una mantita, un libro y una taza de chocolate caliente.

3. **Si tus amigas eligieran la carrera perfecta para ti, ¿qué crees que dirían?**

A. Cualquier cosa que me convierta en el centro de atención: cantante, actriz, política, estrella de TikTok...

B. ¿Quizá profesora o doctora? Algo que me permita trabajar con mucha gente.

C. Quizá una que implique trabajo en equipo, como científica en un laboratorio, editora o gestora de redes sociales.

D. Algo que me permita trabajar con tranquilidad, como escritora, diseñadora gráfica o programadora.

4. **Te has peleado con una amiga y ahora la relación es tensa y muy incómoda. La próxima vez que la ves...**

A. Te acercas a ella y sacas el tema. Es una tontería dejar que las cosas sean aún más incómodas.

B. Rompes el hielo con una broma y ves cómo reacciona.

C. La miras a los ojos y la saludas, pero esperas un poco antes de hablar del tema.

D. «¿Habrá algún rincón donde pueda esconderme hasta que se vaya?».

5. **Después de varias semanas yendo a una clase de arte, has terminado tu primer**

cuadro. No es perfecto, pero estás muy orgullosa. ¿Qué haces?

A. Tomo una foto y la subo a internet con todos los hashtags imaginables.

B. Primero veo qué opinan mi profe y mis compañeros de clase, y luego se lo enseño a mis amigos y familiares.

C. Se lo regalo a un amigo o a un ser querido.

D. Me lo llevo a casa a escondidas y lo guardo en mi habitación donde no lo vea nadie.

6. **Una amiga nueva te invita a quedar en una pizzería. Cuando llegas, ella no ha llegado todavía, pero los otros chicos, a los que aún no conoces, ya están en una mesa. ¿Qué haces?**

A. ¡Me siento con ellos sin dudar!

B. Espero a una pausa en la conversación y me presento.

C. Le envío un mensaje a mi amiga para saber cuánto tarda, y luego me quedo fuera a esperarla.

D. Me doy la vuelta y me voy. Mejor pido una pizza en casa.

7. Son las vacaciones de verano y tus amigas están de vacaciones por ahí. Tus padres trabajan y estás sola en casa. ¿Cómo te sientes?

A. Aburrida y hastiada.

B. Un poco inquieta. Tal vez salga a dar un paseo por el barrio.

C. Bastante relajada. Estoy en el jardín escuchando mi pódcast favorito con un vaso de limonada... o puede que jugando algún videojuego.

D. ¿Lo dices en serio? ¡Esto es lo mejor: tengo la casa para mí solita!

Respuestas

Mayoría de A: La reina de la fiesta

No hay ninguna duda: te encantan las interacciones sociales. Es fantástico que te sientas tan cómoda en tantas situaciones sociales. Eso sí, procura darles a tus amigas tanta atención y adoración como ellas te dan a ti.

Mayoría de B: La extrovertida moderada

Eres una persona sociable, sin duda. Te es fácil hacer nuevos amigos y no descuidas a tu grupo habitual. Recuerda, si alguna vez sientes que necesitas un poco de «tiempo para ti», ¡no pasa nada! Tomarse de vez en cuando un día de relax a solas no tiene nada de malo.

Mayoría de C: La tranquila

Te sientes cómoda estando sola y eso es genial. Es estupendo tener intereses y pasiones personales. Pero no dejes que tu ansiedad te impida aceptar invitaciones para salir en grupo si quieres de verdad. Tus nervios desaparecerán al cabo de unos minutos y acabarás pasándotelo muy bien.

Mayoría de D: La diosa de la paz

Sabes lo que quieres: tu tiempo y tu espacio. Es maravilloso que te sientas a gusto pasando el rato sola, de verdad, siempre que lo hagas porque quieres y no porque tengas miedo. Si crees que padeces ansiedad social, recuerda que no estás sola. Sal con una o dos amigas unas cuantas veces a la semana para ir acostumbrándote.

PREGÚNTALE A LA EXPERTA

Cara Goodwin, psicóloga infantil

¿Cómo puedo tener más confianza
para levantar la mano en clase?
Chase, 11 años, Colorado, EE. UU.

Levantar la mano en clase puede ser intimidante, así que es muy normal sentirse nerviosa. Aun así, recuerda que cuanto más lo hagas, más fácil será. Cuando te sientes nerviosa por algo y lo evitas, tu ansiedad tiende a empeorar con el tiempo. En cambio, si te enfrentas a tus miedos y te atreves a hacer algo aunque estés nerviosa, cada vez te será más fácil. Pero no te preocupes, tampoco hace falta que levantes la mano en la clase más complicada mañana a primera hora. Empieza poquito a poco. Primero, participa en clase cuando trabajes con un grupo pequeño o en aquellas asignaturas en las que te vaya mejor. Una vez que empieces a sentirte más cómoda, ve avanzando hacia situaciones que te pongan más nerviosa, como levantar la mano en una reunión escolar o participar cuando no estés 100 % segura de la respuesta. También puedes usar estrategias que te ayuden a sentirte menos nerviosa en el momento, como respirar profundamente o recordarte a ti misma que eres valiente y que puedes hacer cosas difíciles.

¿Qué causa la ansiedad social? A veces me da ansiedad social, y no sé cómo ni cuándo empezó.
Aubree, 10 años, Nueva York, EE. UU.

La causa más frecuente de la ansiedad social es la genética y el entorno. La genética son los rasgos que te han transmitido tus familiares. Por lo tanto, si en tu familia hay personas que padecen ansiedad, es más probable que tú también la padezcas. El entorno, en este caso, se refiere a las cosas que has vivido en tu vida. A causa tanto de tu genética como de tu entorno, es probable que tu cerebro funcione de un modo ligeramente distinto al de las personas que no padecen ansiedad. Imagina tu cerebro como una alarma de incendios: a veces la alarma se activa porque hay un peligro real y, a veces, es una falsa alarma. Las personas con ansiedad son más propensas a las falsas alarmas y a menudo tienen que aprender formas de decirle a su cuerpo que se trata de una falsa alarma. Recuerda que la ansiedad no es culpa tuya, y no debes sentirte mal contigo misma solo porque tu cerebro funcione de un modo distinto. También puedes acudir a un profesional de la salud mental para aprender formas de prevenir y afrontar las falsas alarmas que provoca la ansiedad social, como ejercicios de respiración, mantras y otras técnicas de atención plena.

CAPÍTULO 2

HACER CONTACTOS

Bueno, ahora ya conoces lo básico para entablar una conversación. ¿Lo de presentarte a los demás? ¡Pan comido! Pero ¿cómo puedes conectar de verdad con los demás? A algunas chicas les resulta muy fácil. Siempre están juntas, susurrando secretitos, riéndose y soltando chascarrillos que nadie más entiende. Si te cuesta relacionarte con los demás así, no estás sola.

La verdad es que crear vínculos requiere tiempo y paciencia. Será bueno para ti saber dónde buscar nuevas amistades que compartan tus intereses y aprecien todas las peculiaridades y cualidades que te hacen ser tú misma. Cuando las encuentres, busca un terreno o una base común; es decir, busca cosas en común sin dejar de respetar las diferencias de la otra persona. Hablando de diferencias, tendrás aún más posibilidades de conectar con los demás si te esfuerzas por ser inclusiva. No te preocupes, abordaremos todo esto y mucho más en las próximas páginas.

¿Cuál es el secreto para hacer amigos, tanto en internet como en la vida real? ¿Te limitas a hacer cumplidos al por mayor a alguien para caerle bien? ¿Y cuando entras en una fiesta y no conoces a nadie? ¿Y si quieres probar algo nuevo, pero eso significa mostrarte ante los demás? ¿Y si sientes un flechazo y, de repente, se esfuman tus habilidades de conversación?

Ha llegado el momento de profundizar un poco más. Repasemos los elementos básicos para conectar con los demás y forjar relaciones fructíferas.

¿DÓNDE ESTÁN TUS FUTURAS AMISTADES?

Algunos chicos y chicas van a una escuela enorme y abierta a todo el mundo, otros van a un centro privado más pequeño. Puede que vivan en un pueblo pequeño, en una zona residencial concurrida o en una gran ciudad. Puede que reciban educación en casa o que asistan a un internado lejos de su hogar. Algunos están inscritos en algún centro virtual a tiempo completo. Pero independientemente de su lugar de origen y del tipo de escuela a la que asistan, muchas personas tienen algo en común: les cuesta hacer amigos nuevos.

Es posible que todos los días estés rodeada de miles de chicos y chicas en la escuela, pero tal vez sientas que no tienes mucho en común o tu ansiedad social te impide conectar de verdad con ellos. He aquí la cuestión: seguro que tus futuros amigos comparten algunos intereses contigo. Así pues, la mejor forma de empezar a buscar es tener en cuenta tus pasiones y buscar grupos tanto dentro como fuera del centro. Aquí tienes algunas ideas:

* **Deportes.** Quizá te gusten los deportes de equipo, como el futbol o el balonmano. O puede que los individuales, como las artes marciales o el tenis, sean más de tu estilo. Si tu escuela no ofrece esa actividad, consulta el sitio web del ayuntamiento para encontrar centros y clubes en tu ciudad.

* **Artes.** Es probable que en tu escuela haya clases de música, canto, teatro y arte. Pero consulta también los museos, teatros y escuelas de música de tu localidad para encontrar más opciones.

VOCES REBELDES

«Conocí a mi mejor amiga en la clase de matemáticas. Las dos nos ayudamos mutuamente con lo que no entendíamos».
Stella, 12 años, Florida, EE. UU.

* **Tecnología.** Si en tu centro no hay un club de programación o informática, puede que algún centro técnico de la zona ofrezca alguno para niños y adolescentes. Y también hay muchas opciones en internet: ¡así puedes hacer amigos virtuales!

* **Videojuegos.** Hablando de amigos virtuales, seguro que encuentras un montón luchando contra alienígenas o construyendo imperios en tu MMO (videojuego multijugador masivo en línea) favorito.

* **Libros.** Seguro que tienes ya muchos amigos ficticios. Pero quizá conozcas a algunos lectores que estén tan obsesionados como tú con el último libro de tu saga fantástica favorita si vas a clubes de lectura y a otros eventos en la biblioteca y las librerías de tu pueblo.

* **Medio ambiente.** Si eres una apasionada de la lucha contra el cambio climático, ¡no estás sola! Organizaciones como WWF y Greenpeace ofrecen

varios programas para que te impliques en el cuidado del medio ambiente. También puedes formar un club local de limpieza de bosques y parques para conocer a niños con ideas afines, que, además, beneficiará al planeta.

✳ **Voluntariado.** Comedores sociales, refugios de animales, clases particulares... Ayudar a los demás no solo te hace sentir bien a ti, sino que también es una forma estupenda de salir y conocer gente.

Sea cual sea el lugar y la forma en que busques nuevos amigos, recuerda ser paciente. Hace falta más que una sola ocasión para estrechar lazos con alguien. Relájate y deja que la amistad se vaya formando poco a poco, ¡y no olvides divertirte!

20 preguntas para entablar conversación

¿Buscas preguntas que hacer para conocer mejor a un nuevo amigo o amiga? ¡Prueba con estas!

1. ¿Tienes mascotas?
2. ¿Quién es tu artista o grupo de música favorito?
3. Si pudieras comer una sola cosa el resto de tu vida, ¿qué sería?
4. ¿Cuál es el mejor cumpleaños que has tenido?
5. ¿Qué superpoder te gustaría tener?
6. Si pudieras viajar en el tiempo, ¿cuándo y adónde irías?
7. Si pudieras conocer a un famoso en persona, ¿a quién elegirías?
8. ¿Preferirías viajar al espacio o explorar el océano?
9. ¿Cuál es tu libro favorito?
10. ¿Preferirías escribir un libro, actuar en un programa de televisión, crear un videojuego o tener tu propio canal de YouTube?

11. ¿Te gustaría ser famoso cuando crezcas?

12. Si fueras invisible durante un día, ¿qué harías?

13. Si pudieras convertirte en cualquier animal, ¿qué animal te gustaría ser?

14. Si pudieras ser un bailarín o un cantante increíble, ¿qué elegirías?

15. Si pudieras cambiar una cosa de la escuela, ¿qué sería?

16. ¿Te sabes algún chiste?

17. Si pudieras viajar a cualquier parte, ¿adónde irías?

18. ¿Cuál es el sueño más raro que has tenido?

19. ¿Qué harías si ganaras la lotería?

20. ¿Cuál ha sido el mejor día de tu vida?

Cómo encontrar una base común

Piensa en tus amigas más íntimas. Seguro que tienes muchas cosas en común con ellas, ¿verdad? Quizá os gusten los mismos equipos, videojuegos o libros. Pero ¿qué no tenéis en común? ¿Tenéis gustos distintos en la moda? ¿La comida? ¿Las películas? Puede que hasta tengas una amiga que parece totalmente opuesta a ti en todos los sentidos, pero os lleváis genial.

Por otra parte, a veces tener puntos de vista opuestos puede desencadenar conflictos. Si ese es tu caso con una amiga, ¿qué puedes hacer? Quizá puedas encontrar una base común y eso empieza por comprender la visión que tienes del mundo.

Puede que ahora te estés preguntando: «¿Y cuál es mi visión del mundo?».

VOCES REBELDES

«No tengas miedo de ser una amapola en un campo de narcisos».
Michaela DePrince, bailarina

Ya sabes que todo el mundo es único, incluso tú. Todas las experiencias que has vivido hasta ahora han conformado tu visión del mundo o tus creencias sobre el mundo. Es como tu propia filosofía personal. ¿Qué piensas del acoso escolar? ¿Y de los derechos de los animales? ¿La libertad de expresión? Todo eso (¡y más!) constituye tu visión del mundo.

La visión del mundo de una persona suele ser una mezcla de hechos y opiniones. Por ejemplo, supongamos que vives cerca de un parque en el que no hay papeleras para las cacas de los perros. En consecuencia, la gente no las recoge. La falta de papeleras es un hecho real. Lo que piensas al respecto —y lo que crees que debería hacerse para solucionar el problema— es tu opinión.

VOCES REBELDES

«Se puede estar en desacuerdo sin ser desagradable».
Ruth Bader Ginsburg, jueza del Tribunal Supremo

Pero tal vez tengas un amigo con una opinión distinta. Tú crees que el ayuntamiento debería instalar puntos de recogida y tu amigo piensa que los dueños de perros deberían llevar siempre bolsas consigo. Ahora te sientes algo incómoda hablando del parque con tu amigo. ¿Qué pasa aquí?

En primer lugar, es completamente normal sentir malestar cuando hay un conflicto. Y cuanto más fervor sintáis tu amigo y tú sobre el tema, mayor será la sensación de conflicto. Pero eso no significa que no podáis encontrar una base común. Solo tienes que seguir estos pasos:

* **Respira hondo y relájate.** Es estupendo sentir pasión y fervor por algo, pero es fácil ponerse a la defensiva cuando alguien no está de acuerdo contigo.

* **Abre la mente.** Recuerda que todo el mundo puede tener opiniones, ¡igual que tú! Si quieres que los demás escuchen tu punto de vista, haz tú lo mismo.

* **Practica la escucha activa.** A veces, cuando otra persona está hablando, nuestro cerebro se adelanta y planea todo lo que va a decir a continuación. Procura centrarte en lo que dice tu amigo para entender de verdad su punto de vista, aunque no estés de acuerdo.

* **Responde con calma y respeto.** Sin darnos cuenta, nuestro tono puede llegar a ser sarcástico, agresivo o incluso mezquino. Si quieres que se escuche tu punto de vista, intenta que tu tono no desvirtúe el mensaje.

* **Busca aspectos en los que haya consenso.** Tu amigo y tú tenéis opiniones diferentes, sí, pero ¿en qué estáis de acuerdo? Identificar esas cosas puede suavizar el conflicto y favorecer una conversación más productiva.

Sigamos con el ejemplo del parque. Tú quieres que el ayuntamiento haga algo, mientras que tu amigo cree que los dueños de perros deberían ser más responsables. ¿Qué hay en común aquí? ¡Mucho! Los dos queréis que el parque sea un lugar limpio para el disfrute de todos. Los dos estáis de acuerdo en que la falta de bolsas de basura es un problema. Y los dos queréis encontrar una solución.

Como es lógico, no siempre podrás encontrar una base común con todo el mundo. Puede que algunas personas tengan unas creencias totalmente opuestas a las tuyas. Eso sí, no te sientas obligada a sacrificar u ocultar tus valores para contentar a los demás. Las Rebeldes defienden aquello en lo que creen.

CÓMO SER INCLUSIVA

Imagina que entras en el comedor escolar y está lleno de gente. Miras a la gente, pero ves que ninguna de tus amigas está comiendo en ese momento. Nerviosa, te acercas a una mesa de chicas y señalas una silla vacía.

—¿Puedo sentarme aquí?

Las chicas se miran unas a otras y una responde:

—Lo siento, está ocupada.

Te alejas a toda prisa, con la cabeza agachada por la vergüenza.

Que te excluyan de algo no se siente nada bien. A veces, podemos excluir a alguien sin querer. Por eso es tan importante ser inclusiva.

¿Y qué es la inclusión?

Pues lo contrario de la exclusión. La exclusión se da cuando algo está restringido o limitado. La inclusión es cuando todo (¡y todo el mundo!) está

VOCES REBELDES

«Cuando estaba en la escuela, vi que una chica estaba sola. Le pedí que se sentara conmigo y mis amigas». Olivia, 9 años, Nueva York, EE. UU.

incluido. A la hora de forjar amistades, lo mejor es la inclusión. Al fin y al cabo, ¿quién quiere limitar el número de amigos que se pueden tener? Conocer a más gente te da más oportunidades de aprender y divertirte.

Aquí tienes algunas formas de practicar la inclusión:

✳ **Ten curiosidad (y respeto) por otras culturas.** A veces, tenemos una idea demasiado simplificada de quién es una persona basándonos en su cultura, es decir, en un estereotipo. La mejor forma de descubrir y cuestionar los estereotipos que puedas tener es aprender más sobre culturas distintas. Por ejemplo, si eres una persona blanca, puedes leer libros con personajes diversos y escritos por autores BIPOC (personas negras, indígenas y de color). Sea cual sea tu origen o ascendencia, puedes ver programas o películas que presenten experiencias distintas de las tuyas o escuchar música de artistas de otras culturas.

✳ **Sal de tu burbuja.** Es normal sentirse cómoda con amigas que se parecen mucho a ti. Pero también es fácil caer en comportamientos exclusivos sin darse cuenta. Recuerda que la amistad no se basa en...

- El color de la piel
- La capacidad
- El género
- La orientación sexual
- La religión
- El nivel socioeconómico

¡Puedes ser amiga de cualquiera! Busca oportunidades para conectar con chicos y chicas que parezcan muy diferentes a ti en apariencia: te sorprenderá lo mucho que tenéis en común.

* **Enfrenta la exclusión.** Es fácil pensar que el comportamiento excluyente es inofensivo, pero en realidad es una forma de acoso. Por ejemplo, ¿invitar a una fiesta a todos los compañeros de clase menos a uno con la intención de herir sus sentimientos es exclusión? Pues sí, es exclusión y acoso. Si observas que otros participan en este tipo de comportamiento, no te lo calles. Llámales la atención. Si te da demasiado miedo, también puedes acercarte al compañero excluido y ofrecerle apoyo y amistad.

* **Sé compasiva.** Lo complicado de la exclusión es que los niños que la practican suelen sentir que están creando lazos entre ellos. Por ejemplo, ¿te acuerdas de ese grupito de chicas que no dejó que te sentaras en la silla vacía de su mesa en el comedor? Excluirte quizá les hizo sentir que su grupo era especial de alguna manera. Si te encuentras en un grupo así, párate un momento y ponte en el lugar de la persona excluida. Ya sabes lo mal que se siente. No tengas miedo de tenderle una mano y ser amable, aunque tus amigas no lo sean.

* **Celebra la individualidad.** Un niño que parece «diferente» de alguna manera puede verse excluido y acosado. Pero recuerda lo fantástico que es que todos seamos únicos. Nuestras cualidades y rarezas nos hacen especiales. Por último, recuerda que ser inclusiva no significa que tengas que tolerar la crueldad o un trato negativo. Tampoco significa que tengas que ser amiga literalmente de todo el mundo. Mantén la mente abierta con respecto a tus amigos, los nuevos y los de siempre. Y si no te llevas bien con alguien, no pasa nada. Hay una gran diferencia entre excluir a alguien y mantener una distancia respetuosa.

VOCES REBELDES

«Está bien ser peculiar y está bien ser tímida. No tienes por qué ser como todos los demás».
Alek Wek, supermodelo

CÓMO HACER Y RECIBIR CUMPLIDOS

Hacerle un cumplido a una persona es una forma infalible de alegrarle el día. También es una manera estupenda de romper el hielo cuando conoces a alguien. Pero hacer un cumplido no siempre es tan fácil como parece. ¿Qué es exactamente un cumplido? ¿Lo dices de verdad o suena poco sincero? ¿Hasta qué punto es pasarse cuando hablamos de cumplidos?

Vamos, ¡tú puedes! Al fin y al cabo, eres una Rebelde lista, amable y segura de sí misma. (¿Has visto qué fácil ha sido?) Aquí van algunos consejos útiles sobre qué hacer y qué no hacer cuando se trata de cumplidos:

* **Sé específica.** Si añades detalles a tu cumplido, le demostrarás al receptor que realmente te has fijado en su genialidad. Por ejemplo, en lugar de «qué bien cocinas», puedes decir: «Tus galletas son mis favoritas porque le pones un montón de chocolate».

* **No lo digas si no lo sientes.** ¿Alguna vez has oído a alguien decir algo y has pensado: «No lo dices en serio»? La mayoría tenemos un radar bastante bueno para saber lo que es sincero y lo que no. Si quieres hacer un cumplido a alguien, ¡fantástico!, pero si no se te ocurre un elogio sincero en ese momento, mejor no digas nada.

* **Sigue con una pregunta.** A veces, recibir un cumplido puede ser un poco incómodo (hablaremos de eso más adelante). Para que el receptor se sienta más cómodo —y más halagado—, piensa en una pregunta para después del cumplido. Por ejemplo: «¡Me encanta esa falda! ¿Dónde la has comprado?» o «¡Me encanta tu voz! ¿Qué cantante es tu mayor inspiración?».

✳ **No te centres en el aspecto físico.** Decirle a alguien que es guapo va con buenas intenciones, pero a muchos chicos y chicas les acompleja su físico, y lo que queremos es que el cumplido les haga sentir bien, no incómodos. Si quieres elogiar el aspecto de alguien, procura que sea algo sobre lo que tenga control, como su sentido del estilo y la moda. Por ejemplo, en lugar de «tienes un pelo precioso», podrías decir: «Me encanta tu peinado».

✳ **Céntrate en los logros.** Cuando hacemos algo increíble, nos sentimos muy bien, y es bonito que alguien se dé cuenta. Si quieres felicitar a alguien, pregúntate de qué se siente más orgulloso en ese momento: ¿ha sacado notazas en mates? ¿Anotó un gol en un partido de futbol? ¡No te calles y halaga!

* **Tampoco te pases.** Es fácil pasarse con los cumplidos. Elogiar a alguien demasiado o con demasiada frecuencia puede incomodarle o incluso hacer que se pregunte si lo que buscas es un cumplido a cambio.

Veamos ahora la otra cara de la moneda. ¿Cómo te sientes tú cuando alguien te hace un cumplido? Puede que te encante... o tal vez te haga sentir un poco incómoda. Puede que incluso te sientas mal. Quizá pienses cosas como «eso no es verdad» o «no me lo merezco». Y cuando te das cuenta, te estás infravalorando o niegas el cumplido, ¡aunque te lo merezcas de verdad!

Aceptar un cumplido puede hacernos sentir que caminamos por la cuerda floja. Si nos inclinamos demasiado hacia un lado y hacemos como si nos mereciéramos el elogio, podemos caer en la arrogancia. Pero si nos inclinamos demasiado hacia el otro lado y rechazamos el cumplido, corremos el riesgo de caer en el autodesprecio (en otras palabras, hacer que tú misma o lo que haces parezca poco importante).

Así que, ¿cómo puedes aceptar un cumplido sin caer de esta cuerda? Sigue estos sencillos pasos:

* **Da las gracias.** Sí, ¡así de fácil! Aunque creas que no mereces el elogio, demuestra tu gratitud a la persona que te lo ha hecho.
* **Explica por qué aprecias el cumplido.** Por ejemplo, pongamos que acabas de ir a tu primera clase de ballet. Te has sentido desubicada todo el tiempo, pero una chica te felicita por tu plié. En lugar de quitarle importancia o decirle lo mal que crees que lo has hecho, podrías decirle: «¡Gracias! Me he sentido un poco torpe, pero eso me hace querer practicar aún más».
* **Da las gracias a los demás, si procede.** Has sido la primera en cruzar la línea de meta durante una carrera de relevos. Tu entrenadora y tus compañeras de equipo te están colmando de elogios merecidísimos.

Reconocer sus esfuerzos y logros te ayudará a sentirte menos incómoda por los cumplidos que recibas. (Además, ¡tus compañeras también se los merecen!).

✳ **Corresponde solo si va en serio.** ¿Recuerdas que hemos hablado de detectar la falta de sinceridad? A veces, corresponder a alguien con otro cumplido es casi instintivo. Pero si no lo dices en serio, no lo digas. Cuando alguien te hace un cumplido, no pasa nada por decir: «Gracias, te lo agradezco», y ya.

CÓMO PROBAR ALGO NUEVO

Tal vez sea inscribirte en teatro, hacer las pruebas para el equipo de atletismo o unirte al club de programación: sea lo que sea, es algo que te fascina. Te imaginas en el escenario recibiendo aplausos, cruzando la línea de meta o programando un juego fantástico... y se te pone la piel de gallina.

Luego te imaginas a ti misma equivocándote en una frase, quedando la última en la carrera o siendo incapaz de programar... y te entran todos los malestares.

No. Intentar algo nuevo te da un miedo atroz.

El fracaso es aterrador. Puede hacernos sentir derrotadas, decepcionadas y avergonzadas. Sin embargo, no debemos avergonzarnos de fracasar. De hecho, ¡el fracaso es la clave del éxito!

Piensa en todas las cosas en las que eres buena ahora, como andar en bici, nadar o hacer la rueda. ¿Todas esas cosas te salieron bien a la primera? Seguramente no. Quizá empezaste con ruedines y te caíste varias veces de la bici cuando te las quitaron. Tal vez empezaste a nadar con flotadores, y meterte en el agua sin ellos por primera vez te dio ansiedad. Y puede que cayeras la primera vez que intentaste hacer la rueda.

VOCES REBELDES

«Cuando pruebes algo nuevo, respira y concéntrate».
Raffy L., 14 años, Connecticut, EE. UU.

Esas experiencias pueden haber dado miedo (o incluso haber sido un poco divertidas). Pero la cuestión es que aprendiste de ellas y lo intentaste una y otra vez hasta que lo conseguiste. El fracaso no es permanente. De hecho, ¡es todo lo contrario! El fracaso es una oportunidad para aprender a mejorar.

Reformula el fracaso

Cuando quieras probar algo nuevo, abre tu diario o saca un papel
y responde a las siguientes preguntas:

* ✳ *El mejor de los casos*. Escribe todas
  las razones por las que esta novedad
  te entusiasma y las cosas
  maravillosas que podrían pasar
  si lo intentas. Sueña a lo grande:
  ¡no hay límites!

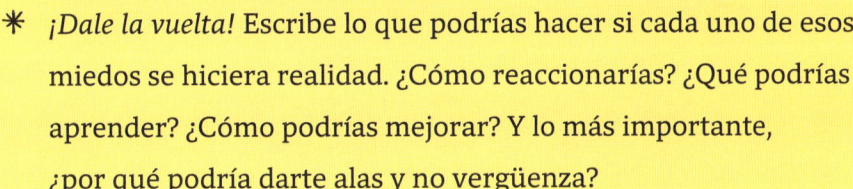

* ✳ *El peor de los casos*. Escribe tus
  peores temores sobre lo que podría
  salir mal si lo intentas. Añade tantos
  detalles como sea posible, aunque
  parezcan tonterías. (A veces, nuestros
  miedos son bastante ridículos).

* ✳ *¡Dale la vuelta!* Escribe lo que podrías hacer si cada uno de esos
  miedos se hiciera realidad. ¿Cómo reaccionarías? ¿Qué podrías
  aprender? ¿Cómo podrías mejorar? Y lo más importante,
  ¿por qué podría darte alas y no vergüenza?

Puede que no te gusten todas las cosas nuevas que pruebes, pero eso
no lo sabrás hasta que no lo intentes.

QUÉ HACER CUANDO LLEGAS A UNA FIESTA Y NO CONOCES A NADIE

Estás dispuesta a hacer nuevos amigos, a probar cosas nuevas con confianza, a ser valiente... y aceptas una invitación para ir a una fiesta. ¡Súper!

Ay, pero cuando entras al salón y miras alrededor en busca de una o dos caras conocidas, no ves ninguna. Cero. *Glups*. Aquí no conoces a nadie. ¿Y ahora qué?

¡No temas! Aquí va un puñado de consejos que te ayudarán a pasártelo bien (y quizá incluso a hacer unos cuantos amigos):

* **Ofrécete a ayudar al anfitrión.** Organizar una fiesta es divertido, pero también es mucho trabajo. Busca a la persona que organice la fiesta (aunque no la conozcas para nada) y pregúntale si necesita ayuda con algo. Así demostrarás tu gratitud por la invitación y tendrás algo que hacer.

* **Pruébate una personalidad extrovertida.** Oye, si no conoces a nadie aquí, ¡eso significa que no te conocen a ti! Es el momento perfecto para

ver qué se siente ser una persona extrovertida sin que tus amigas te miren de reojo o te pregunten: «Oye, ¿por qué te comportas de forma tan diferente?».

✳ **Haz preguntas.** Recuerda que las preguntas ayudan a que fluya la conversación. Incluso algo tan sencillo como «¿qué canción es esta?» puede hacer que un grupito acabe charlando durante horas.

✳ **Guárdate el móvil (celular) en el bolsillo.** Cuando no conoces a nadie, es tentador ver qué está haciendo la gente en TikTok. Pero mirar fijamente la pantalla disuadirá a los demás de acercarse a ti.

✳ **Busca a las personas que estén solas.** Lo más probable es que no seas la única persona que no conoce a nadie. ¿Ves a esa chica del rincón? ¡Pues ve a saludarla!

✳ **Lleva algo de comer.** Esto requiere un poco de preparación antes de la fiesta, pero vale la pena. Los aperitivos o tentempiés son ideales para romper el hielo. Además, si los has hecho tú misma, puedes contarle la receta a la gente.

Imagínate esto

Andrea está superilusionada con su primer día en una escuela nueva, pero también está nerviosa. Tiene muchas ganas de hacer amigos. En su primer día, la orientadora escolar le recomienda que pruebe algunas actividades extracurriculares.

Es una buena forma de conocer a gente con intereses similares. Pero Andrea siempre ha sido tímida. Va a ver un entrenamiento de voleibol desde las gradas. Las chicas parecen simpáticas, pero no le gusta el deporte.

Después, se va al ensayo del coro. Le encanta cantar canciones de Taylor Swift sola en su habitación, pero cantar en grupo no es lo suyo.

Andrea prueba un montón de extracurriculares durante su primera semana: fotografía, teatro, videojuegos, jardinería, papiroflexia, robótica. Todo el mundo es muy agradable, pero ella no acaba de congeniar con nadie. Sobre todo porque no encuentra una actividad que le apasione, como sí parece ser el caso de los demás.

Justo cuando está a punto de darse por vencida, ve a una chica llamada Jasmine repartiendo folletos en la cafetería. El refugio de animales necesita voluntarios después de clase y los fines de semana.

–¿Te gustan los animales? –le pregunta Jasmine.

Andrea se ríe.

–Tengo un perro, dos gatos y tres hámsters en casa.

–¡Vaya! –exclama la chica–. Pues creo que te encantará ser voluntaria en el refugio de animales. Espero que vengas.

Esa misma tarde, Andrea llega al refugio de animales. Está tan nerviosa como en las otras actividades, pero esta vez también está emocionada. Mira a los perros y gatos con entusiasmo.

Cuando ve a Jasmine con un grupo de chicos, a Andrea se le cae el alma a los pies. Ahora tendrá que presentarse y pensar de qué hablar. Le da muchas ansias. Sin embargo, cuando Jasmine levanta la vista, ella sonríe y saluda con la mano.

La chica le devuelve la sonrisa y le hace un gesto para que se una a ellos.

—Chicos, os presento a Andrea, nuestra nueva voluntaria —dice—. Tiene muchas mascotas en casa.

—¡Qué genial! —dice otra chica—. ¿Tienes alguna foto?

—¡Pues claro! —Andrea saca el móvil mientras las demás se reúnen a su alrededor. Pronto están todos hablando y riendo, contando historias sobre sus mascotas. Andrea está encantada. Resulta que hacer amigos era más fácil de lo que pensaba.

REFUGIO DE ANIMALES

QUÉ HACER CUANDO TE INVITAN A CASA DE ALGUIEN

La primera vez que visitas la casa de una amiga puede ser un poquitín intimidante, e incluso provocarte ansiedad. Seguro que las cosas son distintas a las que se viven en tu casa. Por ejemplo, puede que tu familia tenga la norma de que todo el mundo deje los zapatos en el vestíbulo para que nadie entre con lodo en casa. Pero si te los quitas al entrar en casa de otra persona, puede que tus anfitriones se extrañen.

En general, debes seguir las normas de la casa. Si no conoces todas esas normas, no pasa nada: no tengas miedo de pedirle a tu amiga que te las explique. He aquí algunas normas básicas que se aplican prácticamente siempre que vas de invitada a una casa:

* **Sé educada.** Cuando estamos con nuestros amigos, puede que hagamos muchas bromas y que descuidemos los modales. Pero cuando estás con la familia de tu amiga, hacer tonterías podría ser una falta de respeto. No olvides saludar a los otros miembros de la familia que puedan estar en casa y agradecerles la invitación.

* **Muestra buenos modales en la mesa.** Eso implica lavarse las manos antes de comer, masticar con la boca cerrada y ponerse la servilleta (si la hay) en el regazo. Por supuesto, aquí deberás seguir el ejemplo de tu amiga. Si tiene permiso para llevarse palomitas al cuarto para que podáis ver juntas una peli, no hay problema en que la acompañes.

* **Limpia lo que ensucies.** Ya sea ofreciéndote a lavar los platos después de cenar o limpiando ese pegote de esmalte de uñas que se te cayó sin querer en el baño. Muestra respeto por la familia de tu amiga y por su casa manteniéndola limpia.

Normas para las pijamadas

¿Hay algo más divertido que una pijamada con tus amigos? Pues casi nada. Si es la primera vez que pasas la noche en casa de una amiga, ten en cuenta los siguientes consejos.

✳ Lleva tus propios artículos de aseo.

✳ Pide permiso antes de utilizar cualquier ordenador o *tablet* de la casa.

✳ No husmees en armarios, clósets o roperos.

✳ Baja el volumen, sobre todo cuando se haga tarde.

✳ Ofrécete a ayudar a tu amiga a recoger antes de irte por la mañana.

QUÉ HACER CUANDO TE GUSTA ALGUIEN (O TÚ LE GUSTAS A ALGUIEN)

Sentir un flechazo, tener un *crush* o que alguien te provoque un cosquilleo significa que te gusta esta persona. Quizá hayas visto cómo se comporta tu amiga con el chico que le gusta y pienses: «¡Vaya, anda que no se le nota!».

Pero cuando te pasa a ti, no siempre se nota tanto... ¡ni es tan fácil!

Quizá acabas de conocer a una persona. O tal vez hace mucho tiempo que la conoces, pero, de repente, piensas mucho en ella. Pero mucho mucho. Te sientes rara cuando está cerca: algo nerviosa, pero también un poco atolondrada. Te das cuenta de que copias algunos de sus gestos. Hasta ahora no te habías percatado de lo genial que es su grupo favorito. ¿Y ese videojuego que le gusta y que nunca te había interesado? Pues ahora te encanta.

Encapricharse o que te guste alguien es emocionante, pero también puede dar un poco de miedo. ¿Le dices lo que sientes? ¿Y si no siente lo mismo? Y si sí, ¿ahora qué? En primer lugar, no tengas vergüenza. No tienes por qué contárselo a todo el mundo, pero tampoco tienes por qué mantenerlo en secreto. Ese enamoramiento puede durar unos días... o meses. No hay ninguna norma que diga cuándo tienes que contarlo ni a quién.

Después, busca una forma de explorar tus sentimientos en privado; escribirlo en tu diario es una gran opción. Sé sincera contigo misma sobre este flechazo. ¿Hasta qué punto conoces a esta persona? ¿Era un amigo íntimo y de repente tus sentimientos han cambiado? ¿Por qué? ¿O es alguien a quien admiras desde la distancia? A veces, creamos una versión fantástica de los demás en nuestra mente, sobre todo cuando se trata de famosos y personas con influencia. Pero esto también puede ocurrir con gente que conocemos en la vida real. Es muy normal, pero es importante reconocer cuándo esa atracción se debe a la idea que tienes de alguien y no por quién es en realidad.

Por último, pero no por eso menos importante, disfruta del sentimiento mientras dure. Los estudios demuestran que el que te guste alguien aumenta tus niveles de serotonina. La serotonina es una hormona que te ayuda a sentirte feliz. Sí, sí, como lees: está científicamente demostrado que estar enamorado te hace ser más positiva, así que ¡aprovéchalo!

¿Cómo le digo a esta persona lo que siento?

Si alguien te ha gustado por un tiempo, puede que tengas ganas de decírselo y ver si los sentimientos son mutuos. ¡Qué emoción! Pero quizá te dé cosa también. Aquí van algunos consejos para dar el paso:

* *Habla con la persona.* Hazle preguntas que te ayuden a conocerla mejor antes de decirle lo que sientes.

* *Díselo en privado.* Decirle a alguien que te gusta mientras estás rodeado de amigos puede hacer que un momento ya de por sí incómodo lo sea aún más. No solo para ti, sino también para la persona que te gusta. Al margen de lo que sienta por ti, las reacciones de tus compañeros (sobre todo si hay burlas de por medio) afectarán a cómo responda a tu confesión. Así pues, busca un momento y un lugar en los que no haya demasiada gente, como cuando salgáis de clase para ir a casa.

* *Sé breve y directa.* «Eres muy simpático y me gustas como algo más que un amigo. No sé si tú sientes lo mismo». Puede parecerte tentador contarle con todo lujo de detalles todas las razones por las que te parece maravilloso, pero si lo haces puede sentirse incómodo.

* *Prepárate para lo mejor... y lo peor.* Si la persona que te gusta siente lo mismo que tú, ¡estupendo! Pero si quiere que sigáis siendo amigos, es importante que lo respetes.

* *Recuerda que no tienes que decírselo si no quieres.* Que te guste alguien no significa que estés obligada a decírselo, ni siquiera a salir con él o ella. Quizá prefieras disfrutar del sentimiento y guardártelo todo para ti, y eso es genial.

¿Cómo superar un flechazo?

Superar un flechazo puede parecer completamente imposible. El dolor es real y estamos seguras de que no volveremos a sentir algo así por otra persona, jamás. Pero por mucho que te cueste creerlo, ¡lo superarás!

✳ **Ten paciencia.** Superar un flechazo o un desamor es todo un proceso, a veces muy largo. No te empeñes en apartar la tristeza y la decepción. Son sentimientos normales, así que date permiso para sentirlos.

✳ **Procesa tus emociones.** Quizá te ayude un bañito de espuma con una novela de fantasía. Tal vez prefieras saltar en una cama elástica cantando a pleno pulmón tus canciones favoritas. Encuentra una forma divertida de calmar —o liberar— esas emociones negativas.

✳ **Busca un confidente.** Puede ser tu mejor amiga, un adulto, un hermano... alguien en quien confíes y comprenda por lo que estás pasando. Hablar de nuestros sentimientos negativos casi siempre ayuda a que sean menos negativos.

✳ **Intenta no obsesionarte.**

Es tentador obsesionarse aún más con la persona que te gusta, sobre todo en las redes sociales. Pero eso solo hará que te sientas peor. Mejor distráete con aficiones nuevas, encuentra otras cuentas divertidas que seguir en internet y céntrate en ti, no en tu flechazo.

¿Qué pasa si yo le gusto a alguien?

Todo empieza con una sonrisa en el pasillo camino a la taquilla. Luego un comentario y un corazón en tu última foto de Instagram. Y pronto te preguntas: ¿está siendo amable o le gusto?

Gustar a alguien puede provocarte todo tipo de sentimientos. Quizá te sientas halagada y puede que hasta emocionada, nerviosa... o una mezcla de ambas.

¿Cómo lo afrontas? Bueno, primero recuerda qué se siente cuando alguien te gusta. Si esa persona siente eso por ti, está en una situación bastante vulnerable. Sea como sea, procura tratarla con amabilidad y respeto.

¿Debería preguntarle si le gusto? Tal vez. Depende de la persona y de lo bien que la conozcas. Hacerle una pregunta tan directa puede hacerla sentir expuesta o incluso avergonzada, y eso es lo último que quieres. Si se trata de alguien a quien no conoces demasiado bien, intenta primero conocerla un poco mejor. (Puede ser una persona que le sonríe a todo el mundo, nada más). Si es alguien con quien tienes buena amistad, no pasa nada por preguntar, pero recuerda ser amable y no usar un tono acusador.

Creo que a mí también me gusta, pero no estoy segura. ¿Y ahora qué? La buena noticia es que no hay que precipitarse. Tómate tu tiempo y explora tus sentimientos (de nuevo, puede hacerte bien escribirlo en un diario). Sal con esta persona en grupo varias veces para poder pasar tiempo con ella sin darle esperanzas ni hacerle creer que es una cita.

No me interesa «de esa manera». ¿Cómo puedo rechazarla con delicadeza? Prueba esto: espera hasta un momento en que estéis los dos solos. Si no te ha dicho abiertamente que le gustas, dile lo mucho que valoras su amistad. Si te confiesa sus sentimientos, dile que te sientes halagada, pero que preferirías seguir siendo buenos amigos. Esta conversación puede ser muy incómoda, pero a la larga ambos os sentiréis mucho mejor.

No quiero salir con esta persona, pero me gusta la atención. ¡Cómo no! A todo el mundo le agrada gustar. Pero recuerda que están en juego los sentimientos de otra persona. Lo último que quieres es engañarla y hacerle creer que quieres salir con ella, para luego romperle el corazón. Coquetear no tiene nada de malo, pero si crees que le gustas a la otra persona y tú no sientes lo mismo, lo más apropiado es tratarla como a una amistad y nada más.

No quiero salir con esta persona y NO me gusta la atención. Alguien te ha dicho que le gustas. Tú le has dicho que solo quieres ser su amiga. Pero resulta que sigue coqueteando y dándote atención que no deseas. Eso no está bien. Es hora de buscar a un adulto de confianza y contarle que esa persona te hace sentir incómoda.

CÓMO HACER AMIGOS EN INTERNET DE MANERA SEGURA

Internet equivale a infinito, porque esa es la cantidad de amigos que puedes encontrar en la red. Es emocionante, sí, pero también un poco abrumador. ¿Por dónde empezar a buscar? ¿Cómo sabes que la gente que conoces es de verdad quien dice ser? ¿Puedes formar un vínculo tan estrecho con alguien *online* como en la vida real? Aquí van algunos consejos que debes recordar cuando acudas a internet a buscar amigos:

* **Sé selectiva con las aplicaciones.** Hay montones de aplicaciones para conocerse y chatear. Antes de descargar una a lo loco, investiga un poco la aplicación. ¿Tiene medidas de verificación que exijan a los usuarios

demostrar que son quienes dicen ser? Si es muy fácil entrar en ella de forma anónima, puede que no sea el mejor lugar para buscar amigos.

✴ **No compartas demasiada información.** Crear un perfil puede ser divertido. Queremos demostrar lo arrebatadora que es nuestra personalidad. Pero procura no contar demasiados detalles específicos, sobre todo en cuanto a dónde vives y a qué escuela vas. Según la aplicación, puedes personalizar la configuración de privacidad para limitar quién puede ver tus publicaciones.

✴ **Revisa los fondos de tus *selfis.***
No hay nada malo en compartir tu sonrisa con tus nuevos amigos virtuales. Eso sí, antes de publicar la foto, comprueba bien el fondo para que no estés difundiendo tu ubicación... o un montón de ropa sucia.

✴ **Cuéntaselo a tu familia y a tus amigos en la vida real.** A veces, tener secretos puede ser divertido, pero no es buena idea mantener en secreto una amistad *online* o un nuevo chat. Si haces buenas migas con gente en internet, ¡genial! Cuéntaselo a tus amistades o a familiares a los que les tengas confianza.

✴ **Guíate por tu instinto.** Tener curiosidad es normal. Pero si estás hablando con alguien en internet o descubres un nuevo foro o chat en un juego y te da malas vibras, es que tu instinto ha entrado en acción y es mejor hacerle caso. No tengas miedo de bloquear a quien te preste atención no deseada y cuéntaselo a un adulto de confianza.

Cuestionario: ¿Dónde deberías buscar nuevas amistades?

1. **Este fin de semana puedes hacer, literalmente, lo que quieras. ¿Qué vas a hacer?**

    A. Seguir el directo de mi *streamer* favorito.

    B. He visto un tutorial muy lindo para hacer pendientes con plumas. Creo que lo probaré.

    C. En dos palabras: ROLLER. DERBY.

    D. Hay una manifestación para concienciar sobre el cambio climático y ahí estaré yo, en primera fila.

2. **La directora del centro anuncia que los alumnos podrán decidir cuál será la nueva actividad extracurricular. ¿Cuál es tu primera opción?**

    A. Un club de astronomía. ¿Hay algo mejor que unos telescopios gigantes para ver los planetas y las estrellas? *Nein!*

    B. Un club de improvisación. Me encanta inventarme situaciones e historias sobre la marcha.

    C. Un club de supervivencia zombi. Aprenderíamos tácticas básicas de supervivencia y artes marciales. Además de correr mucho.

    D. Un club de intercambio cultural. Festivales, comida, música, incluso noches de cine internacional: es una forma divertida de aprender y apreciar otras culturas.

3. **Te vas de vacaciones familiares a un complejo de lujo y empiezas a mirar la lista de actividades disponibles. ¿Cuál te hace más ilusión?**

    A. Hay un salón recreativo enorme. Creo que me voy a instalar allí.

    B. Un concurso de castillos de arena. El mío va a ser ÉPICO.

    C. Sin duda, el kayak. ¡O snorkel! No, espera, ¡la tirolina!

    D. El paseo por la naturaleza con un guía turístico. La fauna de la zona me llama mucho la atención.

4. **Tus amigos quieren elegir una peli para ver en una pijamada. ¿Por cuál votas tú?**

A. Una de ciencia ficción o quizá una histórica…, algo que me haga pensar.

B. ¿Cuál es la más disparatada? Me encantan las pelis poco conocidas.

C. Acción, thriller, una de superhéroes…, ¡cualquier peli con mucha adrenalina!

D. Un buen documental o una película biográfica sobre alguien que cambió el mundo.

5. El profe pide un informe sobre un libro y puedes elegir el que quieras. ¿Qué tipo de libro le dices a la bibliotecaria que andas buscando?

A. ¿Tienes algo difícil de leer? Me gustan los retos.

B. Quiero un libro que desafíe los géneros… o que los mezcle todos.

C. Me encantaría leer las memorias de un medallista olímpico.

D. Prefiero libros de no ficción… o quizá una novela traducida y publicada en otro país.

6. Si tuvieras que elegir tu profesión ahora mismo, ¿cuál de estas se acercaría más a lo que querrías hacer?

A. Astronauta
B. Actriz
C. Atleta
D. Embajadora

7. ¡Vaya nevada! La escuela está oficialmente cerrada y eres libre como un pájaro. ¿Cuál es el plan?

A. Tengo un puzle de 5 000 piezas entre manos y estoy a punto de batir el récord.

B. Poner mis canciones favoritas y sacar los materiales de manualidades.

C. Ahora no tengo tiempo para hablar, estoy buscando el trineo…

D. Hacer montones de pastelitos para repartirlos mañana en la escuela.

Respuestas

Mayoría de A: La banda friki

¡A tu cerebro le encanta un buen reto! ¿Por qué no te rodeas de gente con ideas afines? Los clubes que se centran en la robótica, la programación, el ajedrez, los libros, el debate y los juegos de mesa son buenos lugares para hacer nuevas amistades. Si tu escuela, o centro comunitario no ofrece las actividades que te interesan, pídeles a tus padres o a los profes que te ayuden a encontrar algún grupo en internet.

Mayoría de B: El colectivo creativo

Dibujas, pintas, escribes o haces música... Te encanta expresarte creativamente, vaya. Los clubes de arte, fotografía, de danza, el coro, la banda de música o la orquesta y hasta los grupos de teatro están llenos de futuros amigos esperándote. Si ninguno se adapta del todo a ti, no tengas miedo de salirte de lo establecido. Podrías aprender a hacer marionetas, crear tus propias joyas o iniciarte en el diseño gráfico. ¿Por qué no creas tu propio club y que te encuentren los más creativos?

Mayoría de C: La delegación deportiva

¡A ti te encanta moverte! Quizá te fascinen los deportes de equipo como el voleibol, el balonmano o el futbol. O tal vez prefieras el ballet, o la danza contemporánea. ¿Y qué te parecen la jardinería, el senderismo, el ciclismo, el monopatín, la natación, el yoga, las artes marciales o la equitación? Las posibilidades son infinitas, y seguro hay un grupo solo para personas como tú que dan prioridad a las actividades más físicas.

Mayoría de D: El club social

Las aficiones están muy bien, ¡pero las que ayudan a los demás son mejores! El voluntariado en lugares como protectoras y refugios de animales, bancos de alimentos, grupos ecologistas y equipos de limpieza forestal es divertido, satisfactorio y, además, una forma estupenda de hacer amigos. Plantéate la posibilidad de participar en el consejo estudiantil de tu escuela, formar parte del equipo de la revista o anuario del centro, ofrécete a ser tutora o dar clases particulares..., todas son actividades divertidas que te permitirán conocer a más gente y, al mismo tiempo, contribuir al desarrollo del alumnado.

PREGÚNTALE A LA EXPERTA

**Cara Goodwin,
psicóloga infantil**

¿Cómo puedo hacer que sea más fácil
probar cosas nuevas?
Zooey, 11 años, Kentucky, EE. UU.

Probar algo nuevo nos cuesta a todas, pero hay formas de hacerlo un poco más fácil. Primero, aprende todo lo posible sobre lo que vas a probar. Investiga y pregunta a la gente para que lo nuevo te sea lo más conocido posible. Después, empieza poco a poco. Por ejemplo, si es la primera vez que te inscribes a futbol, da patadas al balón en el jardín o en el parque con una amiga o un hermano antes del primer entrenamiento. Por último, recuerda que cuanto más a menudo pruebes cosas nuevas, ¡más fácil te será!

Yo también me mudé mucho de niña, así que sé de buena fuente lo complicado que es. Mi consejo sería que te inscribieras enseguida a nuevos clubes, deportes y grupos: compartir intereses con otros niños y niñas es la forma más rápida de hacer amigos. Cuando vayas a lugares o a eventos nuevos, el móvil y cualquier otra distracción, e intenta buscar a gente de tu edad a la que presentarte. También puedes organizar alguna fiesta para tus nuevos compañeros o vecinos. Por último, recuerda sonreír y presentarte a toda la gente nueva que conozcas en la escuela y en las extracurriculares: nunca sabes quién acabará siendo una buena amistad.

CAPÍTULO 3

LA COMUNICACIÓN ES FUNDAMENTAL

Vale, ya tienes sentadas las bases: cómo presentarte, cómo hacer amistades y cómo lidiar con situaciones que te producen ansiedad social. Estás probando cosas nuevas sin miedo y estableciendo relaciones estupendas.

Estás empezando a darte cuenta de lo importante que es la comunicación, incluso cuando al principio te resulta muy incómoda, como cuando alguien te pide un favor y, aunque quieres contentar a la persona, tienes que decir que no. O cuando te cuesta mantener el ritmo de las clases y necesitas hablarlo con tu profe. O cuando un ser querido invade tu espacio personal y no tienes claro cómo decírselo sin hacerle daño.

Cuando tenemos ansiedad social, a veces parece que la solución es agradar a todo el mundo todo el tiempo; porque tal vez creemos que si todo el mundo está contento, ya no habrá situaciones incómodas que temer, ¿no? Por desgracia, la realidad es que cuando ponemos todas las necesidades de nuestros amigos y familiares por encima de las nuestras, a la larga tenemos más ansiedad.

Por eso, en este capítulo hablaremos sobre cómo construir y mantener una vida social sana. Esto significa aprender a establecer límites, a pedir ayuda y a ser asertiva, independientemente de lo introvertida o extrovertida que seas.

CÓMO DECIR QUE NO

Las palabras «no» y «hola» tienen dos cosas en común: ambas son cortas y parecen fáciles de decir..., pero no siempre lo son. Por ejemplo, cuando una compañera te ofrece las respuestas del examen que acaba de tomar de la mesa de la profesora; o cuando quieres ir al centro con una amiga, y su hermana os ofrece llevaros en coche, pero aún no tiene permiso de conducir. Sabes que no es buena idea y no quieres hacerlo. Entonces, ¿por qué es tan difícil decir que no?

Pues por muchas razones. No quieres hacer sentir mal a la otra persona, ni enfadarla, ni decepcionarla. Tampoco quieres que se metan contigo o se rían de ti. Solo con pensarlo ya te dan sudores fríos, y aceptar el ofrecimiento te evita el mal rato. Lo malo es que solo te lo evita temporalmente.

Nos enfrentamos a diario a la presión social, también llamada presión de grupo. Esto no siempre es malo: tu grupo social (es decir, tus amigos y amigas y los demás chicos y chicas de tu edad, sean de la escuela, del equipo de futbol o de donde sea) te puede animar a probar cosas nuevas y ayudarte a desarrollar habilidades sociales muy útiles. Sin embargo, a veces también puede empujarte a hacer cosas con las que no te sientes cómoda o que incluso te pueden meter en líos graves.

Esos momentos pueden ser un poco angustiosos. Por un lado, no quieres hacer lo que tu grupo quiere que hagas, pero por otro, ¿qué van a decir de ti si no lo haces? «¿Y si se ríen de mí? ¿Y si se enfadan conmigo?». Todos esos *¿y si...?* pueden acabar convirtiendo un «no» en un «bueno, vale...».

Pero lo que tú quieres decir es no, y en cuanto a esas situaciones imaginarias que empiezan con *¿y si...?*, ¡puede que no sucedan

VOCES REBELDES

«Voy a ser una persona tan difícil como sea necesario para dar lo mejor de mí».
María Callas, cantante de ópera

62

jamás! Quizá la chica que tiene las respuestas del examen se meta contigo, o quizá diga «allá tú» y se dé la vuelta. Quizá tu amiga se ofenda por rechazar el ofrecimiento de su hermana, o quizá suspire aliviada porque ella tampoco estaba segura.

Aquí tienes algunas maneras de decir que no, según la situación:

✳ **Mejor no, porque...** Explica el motivo por el que no quieres hacer lo que el grupo espera de ti. Por ejemplo, lo que puede pasar si te descubren. Es posible que a tus amigas no se les haya ocurrido y, a lo mejor, hasta cambian de idea.

✳ **En lugar de eso, ¿por qué no...?** Proponles hacer algo distinto, que no te haga sentir incómoda y que creas que les puede gustar.

✳ **No es mala idea, pero yo no puedo, porque...** Invéntate una excusa. Sí, aunque sea mentira. En determinadas ocasiones, una mentirita es perfectamente válida para zafarse de una situación que se puede volver incómoda.

A MÍ NO ME GUSTA, ¡PASADLO BIEN VOSOTRAS!

* **Perdona, me tengo que ir.** Excúsate y vete. Si no sabes cómo decir que no, pero tampoco quieres decir que sí, vete y listo.
* **Paso.** Sonríe y haz un gesto de desinterés con la mano. Si te preguntan el motivo, piensa que no tienes por qué darles explicaciones.

Cómo establecer límites y respetarlos

¿Conoces la barrita de vida que tienen los personajes de los videojuegos? Indica la energía que les queda y, según avanzas en el juego, esa barrita va bajando hasta quedarse casi vacía. ¿Qué? ¿A que te suena?

Seguro que la siguiente situación te ha pasado muchas veces. Te levantas con ganas de comerte el mundo, pero empiezan a pasar las horas y suceden situaciones incómodas: que si tienes que decirle a tu mejor amiga que no puedes ir a su partido; que si el profesor te pregunta algo que no sabes; que si te pasas una clase entera intentando disimular lo mucho que te gusta la persona con la que te tocó hacer un trabajo en parejas... Mil situaciones difíciles que te van bajando la barrita de energía hasta que se queda en un mero par de píxeles.

Pero ¿sabes qué? Esto nos pasa a todas, y aquí es donde

entran en juego los límites. Aunque no seas consciente de ello, seguramente ya tienes ciertos límites establecidos que todos tus círculos conocen bien. ¿Tu familia sabe que los sábados no se te puede despertar antes de las 10 porque te gusta aprovechar para dormir? ¿Tus amigas saben que los martes por la tarde no pueden contar contigo porque es cuando vas a la biblioteca? Eso son límites que tú misma has marcado.

¿Cómo se establecen los límites? Para averiguarlo, responde a las siguientes preguntas, y cuanto más específica seas, mejor:

* ¿Qué cosas me cargan las pilas?
* ¿Qué cosas me agotan?
* ¿Qué momento del día espero con más ganas?
* ¿Y con menos?
* ¿Qué cosas me hacen sentir segura?
* ¿E insegura?
* ¿Qué cosas me hacen sentir valorada?
* ¿Qué cosas me hacen sentir que alguien se está aprovechando de mí?
* ¿Qué cosas me tranquilizan?
* ¿Cuáles me ponen nerviosa?

VOCES REBELDES

«Para mí, el autocuidado no significa irme al balneario, sino saber decir que no y conocerme bien a mí misma, para así poder elegir aquello que exprese lo que soy».
Tracee Ellis Ross, actriz

Mucho ojo: establecer un límite no puede ser una excusa para evitar algo que debemos hacer. Por ejemplo, a la mayoría no nos gusta ir al dentista, pero tomar la decisión de no volver al dentista nunca más no es establecer un límite; es un atentado contra tu salud dental, más bien. En lugar de eso, piensa en lo satisfecha que vas a estar con una dentadura limpia y sana.

Pongamos por ejemplo que tu hermana se pone tu ropa todo el tiempo sin tu permiso, y que sientes que se está aprovechando de ti. Es el momento de marcar un límite con ella.

Para establecer un límite, sigue estos tres pasos:

✳ **Piensa en cómo percibe la situación la otra persona.**

Es muy posible que no lo esté haciendo con mala intención.

✳ **Evita las acusaciones.** Céntrate en lo que le estás pidiendo,
no en cuánto te molesta lo que hace.

✳ **Explica de qué manera te va a beneficiar el límite.**

Dale un ejemplo específico, si puede ser.

Por ejemplo, en el caso de tu hermana y la ropa, puedes decirle: «Oye,
¿puedo pedirte un favor? Me encanta que compartamos la ropa, y esa falda que
tomaste prestada te queda genial. La próxima vez, ¿podrías avisarme con tiempo
de la prenda que vas a tomar prestada, porfa? Me ayudaría bastante, porque
me gusta planear con antelación lo que me voy a poner durante la semana».

¿Qué tipos de límites puedo establecer?

¡Todos los que necesites! He aquí algunos ejemplos:

* *Tu energía.* «Tuve una semana agotadora. Este fin de semana, en lugar de ir al partido, me voy a quedar en casa en plan relax».

* *Tus sentimientos.* «Sigo triste por la muerte de mi hámster. ¿Puedo quedarme en clase durante el recreo y escribir en mi diario?».

* *Tus conversaciones.* «El tema del huracán me angustia un poco, ¿podemos hablar de otra cosa?».

* *Tus pertenencias.* «Sí, te presto mi libro, pero no le dobles las esquinas, porfa. Mejor usa un separador».

* *Tus redes sociales.* «No me gusta cómo salgo en ese vídeo. ¿Puedes no subirlo o quitar la parte donde aparezco yo, si lo subes?».

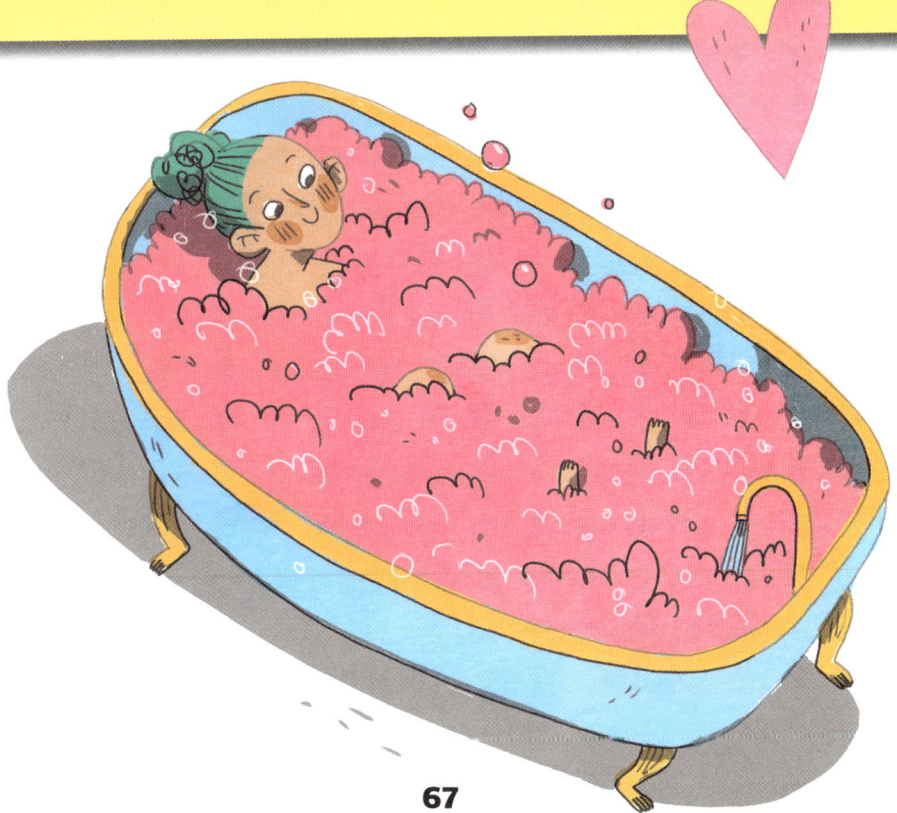

CÓMO PEDIR AYUDA

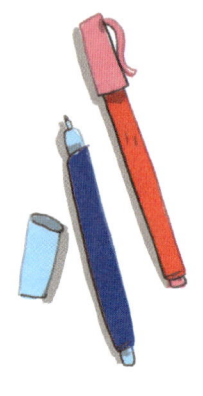

¡Al rico cuestionario! Pedir ayuda es:

A. un rollo;

B. una muestra de debilidad;

C. una molestia,

D. ninguna de las anteriores.

La respuesta correcta es la D: ¡ninguna de las anteriores, por supuesto! Pero a veces lo percibimos como alguna de las tres primeras, ¿verdad? Cuando sabemos que necesitamos ayuda y pensamos en pedírsela a alguien, nos da miedo molestar a la otra persona o proyectar una imagen de debilidad. Pero piénsalo del siguiente modo: ¿acaso cuando otra persona te pide ayuda a ti, tú la percibes de esa manera? ¿A que no? Es más, puede incluso que te halague la confianza que está depositando en ti. ¿Y a quién no le agrada sentirse útil y valorada? Todas necesitamos ayuda de vez en cuando, y pedirla no demuestra debilidad, sino madurez. Ya sea por dificultades con una asignatura, un problema con una amiga, un caso de acoso escolar o un problema psicológico, lo mejor y más valiente que puedes hacer es pedir ayuda.

Unos trucos para que te dé un poco menos de vergüenza:

✳ **Elige con cuidado.**

¿A quién le vas a pedir ayuda con ese tema que te

agobia, y por qué? Ten en cuenta la situación de la persona a la que vas a acudir. Por ejemplo, si tu mejor amiga acaba de enterarse de que internaron a su abuela en el hospital, quizá ahora mismo no sea la persona más indicada a la que pedirle consejo sobre la pelea que has tenido con tus padres.

VOCES REBELDES

«Siempre hablo con mi madre antes de salir al escenario para un recital de danza. Sus palabras de ánimo son geniales, me dice que nunca deje que nadie apague mi luz».
Raffy, 14 años, Connecticut, EE. UU.

✳ **Habla sin miedo.** Cuando sentimos inseguridad tendemos a dar demasiados rodeos, como si quisiéramos que la otra persona adivine lo que necesitamos sin tener que pedírselo. Pero a menos que tus familiares y amigos tengan poderes mentales, tus expectativas se van a ver frustradas. Prueba ensayar a solas lo que quieres decir antes de ponerte delante de la otra persona.

✳ **Recuerda que no estás haciendo nada malo.** ¿Empiezas este tipo de conversaciones con una disculpa? En plan: «perdona que te moleste, no sé si podrías...». Si es así, deja de hacerlo. ¡No hay que disculparse por necesitar ayuda! Tampoco hace falta que ofrezcas nada a cambio. La mayoría de las personas estamos encantadas de echar una mano, sin condiciones ni letra pequeña.

✳ **Cuenta qué tal te fue.** Cuando alguien te ayude, no olvides contarle después cómo salió todo: es una manera de expresar lo valiosa que resultó su ayuda. ¡Eso y darle las gracias, claro!

Dicho esto, vamos a hacer otro cuestionario. Pedir ayuda es:

A. de gente madura;

B. de gente valiente;

C. a veces difícil, pero tú puedes,

D. todas las anteriores.

La respuesta correcta es la D: ¡todas las anteriores, sin lugar a duda!

Cómo pedir un favor

Pedir un favor viene a ser lo mismo que pedir ayuda, ¿no? Pues... sí pero no. Cuando le haces un favor a alguien, en efecto, le estás ayudando, pero la diferencia es que la ayuda es algo que necesitamos, mientras que un favor es algo que deseamos. Lo primero es necesario, lo segundo nos facilita un poco la vida.

✳ Si a tu amiga se le cae el collar en el autobús y te pide que le ayudes a buscarlo, necesita tu ayuda.

✳ Si tu amiga te pide prestado un collar, te está pidiendo un favor.

Pedir un favor es más o menos como pedir ayuda: debes tener en cuenta a la persona a la que se lo pides. ¿Es un buen momento? ¿Le va a suponer un esfuerzo emocional u ocuparle mucho tiempo? Igualmente, debes pedirlo con claridad: nada de andarse con indirectas.

Por último, deja claro que no te vas a enfadar si la otra persona no acepta hacerte el favor, e independientemente de su respuesta, dale las gracias por haberte escuchado.

VOCES REBELDES

«Hay momentos que son más difíciles que otros. Lo que a mí me permitió superar esos momentos difíciles fue contar con la ayuda de otras personas». America Ferrera, actriz y activista

QUÉ HACER SI TIENES PROBLEMAS EN LA ESCUELA

Seamos realistas: la escuela es estresante. Hay días buenos, en los que te interesan las clases, te va muy bien en los exámenes y te lo pasas increíble con tus amistades. Pero también hay días en los que todo parece salir mal: se te han olvidado los deberes en casa, no te has acordado de que había examen o el profesor te llama la atención delante de toda la clase.

No es solo vergüenza, es verdadera frustración, y además, a veces da la impresión de que todo hace efecto bola de nieve: tras un mal día viene otro, y otro, y otro..., hasta que al final, todo el trimestre parece un desastre. Llega un momento en que sabes que tienes que hablar  con tus profes, pero solo con pensarlo te tiemblan las piernas, porque no sabes ni por dónde empezar. Si te pasa eso, no te preocupes: ¡aquí tienes unos trucos!

* **Pídele una tutoría a tu profe.** Si le sacas el tema justo al acabar la clase, puede que tenga que irse a atender otros asuntos. Es mejor acercarse y preguntarle: «¿podemos hablar a la hora del recreo?». Así, los dos podréis prepararos para la conversación.

* **Hablad en privado.** Hacerlo justo antes o después de clase, con todos el griterío y el ajetreo de tus compañeros de fondo, te va a poner aún más nerviosa. Los mejores momentos para una conversación

tranquila pueden ser sus horas de tutorías, o al final del día, cuando todo el mundo se haya ido ya.

* **Ve preparada de antemano.** Por ejemplo, puedes escribir en un papel lo que le quieres decir. Puedes incluso ensayar en voz alta, sobre todo si estás muy nerviosa.

* **Sé específica.** «Tengo problemas» puede significar mil cosas distintas. ¿Te distraes durante las clases? ¿El tema que estáis dando te resulta difícil? ¿Vas bien en las clases, pero los deberes y tareas te traen de cabeza? Cuantos más detalles le des a tu profe, mejor te podrá ayudar.

* **Cuéntale qué te preocupa.** Todo el mundo tiene preocupaciones, ¡hasta los profesores! Puede que últimamente te sientas agobiada en clase, o incluso que te hayan diagnosticado trastorno obsesivo-compulsivo (TOC), o que tengas cualquier otro problema que esté afectando a tu aprendizaje. Sea lo que sea, mientras te sientas cómoda, cuéntale todo lo que desees.

* **Dile cómo te puede ayudar.** A lo mejor ya has pensado lo que te gustaría que hiciera tu profe para facilitarte las cosas. Por ejemplo, si te entra el pánico cuando te pregunta algo en mitad de la clase, explícaselo y pídele que lo haga solamente cuando levantes la mano; o si te distraes mucho, puedes solicitarle que te ponga en uno de los pupitres de primera fila.

CÓMO ACEPTAR LAS CRÍTICAS

¡Ay, las críticas! A veces, solo de pensar en ellas se nos ponen los pelos de punta. Recibir un comentario negativo puede doler, y si es duro, incluso doler bastante.

Sin embargo, las críticas no son malas en sí mismas: nos ayudan a aprender, madurar y mejorar como personas. Piensa en cualquier persona a la que admires:

músicas, actrices, *influencers,* escritoras, políticas, científicas... Todas ellas han recibido muchas críticas, muchísimas.

VOCES REBELDES

«Mientras viva, tendré control sobre mi ser».
Artemisia Gentileschi, pintora

Supongamos que escribes un relato. Es la primera vez que escribes ficción y estás orgullosísima del resultado. Los personajes son creíbles, has creado un mundo de fantasía increíble y un final que nadie se veía venir. Una obra maestra, vamos. Te armas de valor y se lo enseñas a algunas amigas o familiares. Todos alaban tu talento y tú no cabes en ti de satisfacción. ¡Hasta empiezas a pensar en convertir el relato en una novela bien larga! Todo va bien hasta que tu mejor amiga, que se ha leído todo libro de fantasía habido y por haber, señala una contradicción en el sistema mágico del mundo que has creado.

Y además, es una contradicción grande. Te cae como una patada en la boca del estómago. Con todo el esfuerzo que has dedicado al relato, ¿en serio esa minucia tiene tanta importancia? Nadie más se ha dado cuenta. ¿Por qué tu amiga se tiene que meter contigo? En realidad, no se está metiendo contigo. Es una crítica constructiva hecha desde la sinceridad. Su propósito no es ofenderte, sino todo lo contrario: ayudarte a que tu excelente relato sea aún mejor.

Aquí tienes algunos trucos para aceptar las críticas:

* **Recibe el golpe antes de replicar.** Por muy preparada que estés para recibir críticas, puede que duela. ¡Pero no pasa nada! Es como arrancarse una tirita o curita: duele un momento y enseguida se pasa.

* **Haz preguntas.** Cuanto más detallados sean los comentarios recibidos, más útiles te resultarán. Además, hacer preguntas puede aligerar la situación, tanto para ti como para la persona que te ha hecho la crítica.

* **Decide el próximo paso.** Estás lista para mejorar. ¿Ahora qué? Elaborar un plan de acción te ayudará a sentirte más motivada y te dará energía positiva. Si le has pedido su opinión a una amiga y te hace una crítica constructiva,

agradécesela. Dar una opinión sincera puede ser tan difícil como recibirla. Hazle saber a tu amiga que no te ha ofendido y que valoras su punto de vista y su apoyo.

⚡ Imagínate esto ⚡

Zoe es una apasionada del mundo de la moda y le encanta usar distintos conjuntos para expresar su estilo personal. A su tía Rose le encanta que le encante, y a menudo le regala ropa, zapatos y accesorios.

El único problema es que la tía Rose tiene un estilo muy distinto al de Zoe y suele regalarle ropa de tejidos suaves y colores pastel, mientras que lo que a Zoe le gusta son los colores chillones y las combinaciones chocantes, como una camisa de franela sobre un vestido de encaje, o un peto (overol) con americana (saco) verde lima por encima.

Por su cumple, la tía Rose le manda un suéter amarillo que, sí, es muy bonito..., pero no es del estilo de Zoe. Esta sabe que su tía lo hace con la mejor intención y valora mucho el regalo, pero al mismo tiempo se siente un poco culpable, porque sabe que no se lo va a poner.

—¿Qué hago? —le pregunta a su madre—. No le puedo decir a la tía Rose que no me gusta su regalo, ¡se va a sentir fatal!

—Es verdad —responde su madre, pensativa—. Pero estoy segura de que preferirá saberlo, así la próxima vez podrá regalarte algo que te guste.

74

A Zoe empiezan a sudarle las manos. Solo de pensar en tener una conversación tan incómoda con su tía se le hace un nudo en el estómago.

—También puedes decírselo de otra manera —sugiere su madre—. En lugar de decirle lo que no te gusta, dile lo que sí te gusta.

Y, de repente, a Zoe se le ocurre una idea genial: llama a la tía Rose para darle las gracias por el suéter, y a continuación le propone ir juntas de compras a la semana siguiente. Ella acepta, y las dos esperan el día con ganas.

Una vez en la tienda, Zoe le enseña a su tía todas las prendas y accesorios que le gustan y le cuenta cómo las combinaría y cuál es el efecto que busca. Rose la escucha con gran interés. Al final de la cita ya tiene un concepto mucho más claro del estilo de Zoe, ¡y hasta tiene un par de ideas para un regalo que le va a encantar!

Cuestionario: ¿Eres asertiva?

1. **Llegas pronto a la parada del autobus para poder sentarte en uno de los asientos de delante, porque en los del fondo te mareas. Cuando te subes en el autobús, una chica pone la mano en el único asiento vacío que queda en las primeras filas y te dice: «Estoy guardando este asiento para mi amiga, que se sube dentro de unas pocas paradas». ¿Qué le contestas?**

   A. «No se pueden reservar asientos».
   B. «Si me siento más atrás me mareo. ¿Podéis sentaros vosotras en otro lugar?».
   C. «Vale, entendido. ¿Puedo sentarme yo hasta que llegue ella?».
   D. «¡Ay, disculpa! Me voy para atrás, entonces».

2. **Tu mejor amiga está de mal humor. A la hora de comer haces una broma para animarla, pero ella se enfada contigo. Respiras hondo y le respondes:**

   A. «Ay, amiga, solo quería animarte».
   B. «Oye, no me merezco que me hables así. ¿Pasa algo? Parece que estás preocupada».
   C. «Mejor me voy a otra mesa. Avísame cuando estés de mejor humor».
   D. «¡Perdón, lo siento! ¿Puedo hacer algo para que no estés enfadada?».

3. **No te gustan nada las películas de miedo, te producen pesadillas y todos tus amigos lo saben perfectamente. Aun así, mientras pasas una tarde con ellos, todos les apetece ver una. ¿Qué haces?**

   A. Les recuerdo que yo no veo ese tipo de películas, o sea que ni hablar.
   B. Les digo de broma que los voy a despertar a todos cuando tenga pesadillas y me despierte con un grito, y a continuación sugiero otras películas que podemos ver.

C. Me encojo en una esquinita del sofá y me paso toda la película jugando en el móvil con los auriculares puestos.

D. No quiero ser doña aguafiestas, así que me dispongo a ver la película abrazada bien fuerte a un cojín.

4. Hay un chico en tu clase que no deja de hacer comentarios sobre tu aspecto físico, especialmente sobre tus gafas nuevas. Ya le has dicho que te deje en paz, pero él sigue molestando. ¿Qué vas a hacer la próxima vez que se meta contigo?

A. Pegarle un grito delante de toda la clase, profesora incluida.

B. Hablar con la profesora al final de la clase y pedirle que intervenga la próxima vez.

C. Sentarme en la esquina opuesta del aula, a ver si se olvida de mí.

D. Darme por vencida. Total, decirle que me dejara en paz solo sirvió para empeorar las cosas.

5. Una de tus amigas está de cumple, y en vuestra pandilla surge la idea de comprarle una bici entre todas. Es un buen regalo, pero no tienes tanto dinero. ¿Qué haces?

A. Les digo a mis amigas que no me alcanza el dinero y sugiero que le compremos algo más barato que también le pueda gustar.

B. Soltar algunas indirectas para hacerles entender que una bici se sale de mi presupuesto. Si nadie capta las indirectas, intentaré hacer unos trabajitos extra para ganar lo que me falta.

C. Les digo a mis amigas que ya le compré otra cosa y que, por tanto, no voy a participar en el regalo conjunto. A continuación, voy y busco un regalo que pueda pagar.

D. Me hago a la idea de que ya no tengo amigas, porque está claro que les voy a estropear el regalo y no me van a volver a hablar nunca más.

6. **Tu hermana pequeña empieza a interesarse por la moda, ¡pero te está copiando el estilo! Por un lado, te enternece, pero por otro te da vergüenza que las dos lleguéis a la escuela vestidas igual. ¿Cómo te enfrentas a la situación?**

   A. Le explico que lo que hay que hacer es buscar el estilo propio, y la invito a ir juntas de compras para ayudarla a encontrar el suyo.

   B. Empiezo diciéndole que me halaga mucho que le guste tanto mi estilo, y a continuación le sugiero que se busque a otra a la que copiar.

   C. Empiezo a vestirme de otra manera. Al fin y al cabo, un cambio de aires siempre viene bien.

   D. Si se lo digo, a lo mejor se siente mal, y entonces se va a poner a llorar y hacer un drama. Mejor hablo con mi madre y que se lo diga ella.

7. **Tus padres tienen una norma muy clara: no se puede estar en casas de amigas si no hay un adulto presente. Una amiga os invita a toda la pandilla a pasar la tarde en su casa, y tú quieres, pero sabes que sus padres no van a estar. ¿Qué haces?**

   A. Le digo la verdad a mi amiga: me encantaría ir, pero mis padres no me dejan.

   B. Le digo que quiero ir, pero que primero tengo que hablar con mis padres. Ya sé lo que me van a decir, pero por ahora me libro de rechazar la invitación.

   C. Me saco de la manga que ya tengo otros planes.

   D. Acepto la invitación y me paso la tarde agobiada pensando en el lío en el que me voy a meter cuando se enteren mis padres.

Mayoría de A: ¡Soy fuerte como una roca!

Cuando llega la hora de ser asertiva, ¡lo logras! Tienes claras tus prioridades, conoces tus límites y no te da miedo mantenerte firme. Está muy bien, siempre que tengas en cuenta que los demás también tienen sus propios sentimientos y límites. Antes de lanzarte al ataque, toma en consideración la situación y las intenciones de la otra persona.

Mayoría de B: Me mantengo firme (casi siempre)

Sabes lo que te importa y, por lo general, los demás también. La mayoría de las veces no te tiembla el pulso a la hora de trazar líneas rojas. Puede haber ocasiones en las que te cuesta ser asertiva, o incluso te da un poco de miedo, pero no te preocupes: ¡nos pasa a todas! Háblalo con alguien de confianza: seguro que te apoya.

Mayoría de C: Soy flexible, tampoco se acaba el mundo

No te preocupan los contratiempos sin importancia. Tú no te estresas, vives tranquila. Eso está muy bien. Ahora bien, si en alguna ocasión tu instinto te dice que no debes aceptar una situación determinada, ponerse firme puede no ser fácil, pero vale la pena.

Mayoría de D: ¿Seguro que tengo que decir las cosas?

Eres muy empática, siempre tomas en cuenta los sentimientos de los demás y eso te convierte en una maravillosa persona. Sin embargo, de vez en cuando tienes que ser tu mejor aliada: ¿acaso tu bienestar no es igual de importante que el de los demás? Además, ser asertiva tiene una ventaja añadida: a tu familia y amigos les encantará constatar lo fuerte que eres.

PREGÚNTALE A LA EXPERTA

Cara Goodwin, psicóloga infantil

¿Tienes algún consejo sobre cómo pedirle ayuda a un profesor? A veces me da vergüenza.
Grace, 12 años, Maryland, EE. UU.

¡Pedir ayuda puede dar mucha vergüenza! No es fácil reconocer que no eres capaz de hacer algo sola. Pero recuerda que todas necesitamos ayuda de vez en cuando, y pedirla significa que eres lo bastante inteligente como para darte cuenta de que nadie puede saberlo todo. Para hacerlo un poco más fácil, queda con tu profesor a una hora en un lugar determinado; suele ser bastante más cómodo que hablar con todos tus compañeros delante. Antes de ir a verle, ten claro lo que le quieres decir o preguntar. Y ten siempre presente que a los profesores les encanta que sus alumnos les hagáis preguntas, porque demuestra que os interesáis por la materia.

Tengo que hacer un proyecto gigantesco de ciencias sociales que cuenta la mitad de la nota total, y además tengo que presentarlo de pie delante de toda la clase. ¡Me muero de los nervios! ¿Qué hago?
Ellie, 11 años, California, EE. UU.

No me extraña que estés nerviosa: es mucha presión. Por suerte, hay maneras de hacerlo un poco más fácil. Vamos paso a paso. Primero, apréndete muy bien el tema que vas a tratar, usando algún método de estudio que te haya funcionado anteriormente: esquemas, resúmenes... Lo que más te ayude. Cuanto mejor te lo sepas, más segura estarás de ti misma a la hora de presentarlo. Segundo, ensaya la presentación tanto como puedas, primero tú sola y después delante de tu familia o tus amigas. Por último, ten buena actitud hacia ti misma y hacia la presentación. Si empiezas a pensar cosas como «voy a hacer el ridículo» o «me va a salir fatal», lo único que vas a lograr es ponerte aún más nerviosa. Es mucho mejor que te digas cosas positivas: «me lo sé a la perfección» o «lo he preparado un montón y sé que puedo hacerlo».

CAPÍTULO 4

SITUACIONES COMPLICADAS

Agárrate, porque se acerca el bochorno... y no nos referimos al calor.

Una cosa es superar tu inseguridad cuando tienes que presentarte, hacer algo que nunca habías hecho antes o pedirle ayuda a alguien. En el fondo sabemos que la mayoría de las veces va a salir bien. Pero ¿qué pasa cuando todo sale al revés?

Por ejemplo, cuando te pasas la hora de la comida hablando con la persona que te gusta, y más tarde te das cuenta de que has tenido un trozo de espinaca entre los dientes durante todo ese rato.

O cuando una amiga te dice algo que te hace daño, o tú a ella. O cuando vas con el balón a toda velocidad hacia la portería vacía, pero en el último momento trastabillas, fallas el tiro y tu equipo pierde.

«Ay, Dios». Tienes todo el derecho del mundo a hacerte un ovillito en la cama con la cabeza debajo de la almohada y no salir en varios días, ¿verdad?

Lo malo es que, tarde o temprano, tendrás que enfrentarte a este tipo de situaciones. A veces no hay escapatoria, y aunque puedas esconderte, eso no te tranquilizará, sino al contrario: te pondrás más nerviosa aún, y sentirás que la bola de nervios crece y crece hasta convertirse en pánico.

Si sabes manejar estas situaciones, podrás reducir la tensión y empezarás a tranquilizarte. Es hora de hablar de cómo enfrentarse a momentos vergonzosos, conversaciones incómodas, rumores, equivocaciones y todas esas cosas.

¡TIERRA, TRÁGAME! QUÉ HACER CUANDO PASAS MUCHÍSIMA VERGÜENZA

Una situación vergonzosa no hace que se acabe el mundo, aunque a veces lo parezca. Se te hace un nudo en la garganta, el estómago se te revuelve como una centrifugadora y te pones roja como un tomate maduro. Esto sucede porque la vergüenza activa nuestros sistemas más básicos de reacción al peligro: se acelera el corazón y el cuerpo segrega adrenalina, lo que te hace respirar más rápido y que se te dilaten los vasos sanguíneos de la cara. Al tener más sangre circulando hacia ella, te pones colorada.

Si sufres de ansiedad, puede que conozcas muy bien este tipo de reacciones; pero incluso la gente que no tiene problemas psicológicos pasa de vez en cuando por momentos que le producen ansiedad. Si conoces a alguna persona que parece no avergonzarse nunca, te contamos su secreto:

no es que nunca pase vergüenza, es que sabe gestionarla.

Lo bueno es que tú también puedes controlar tus reacciones. La próxima vez que sientas que se te cae la cara de vergüenza, usa alguno de estos trucos:

VOCES REBELDES

«Creo que si me va bien en la vida es porque ni pongo excusas ni las acepto». Florence Nightingale, enfermera

*   **Ríete.** La mejor manera de restarle importancia a una situación vergonzosa es recurrir al humor. Piénsalo así: si fuera otra persona a la que le reventó la lata de refresco, ¿no te reirías? ¡No hay nada de malo en reírte de ti misma! Sirve para rebajar la tensión del momento y relajarte.

*   **Reconócelo**. Sí, lo has leído bien: reconoce que te da vergüenza. Todo el mundo sabe lo que es la vergüenza; quienes te rodeen en ese momento lo comprenderán. Decir algo tan simple como «vaya, qué vergüenza» despertará la empatía de los demás.

*   **Sigue con tu vida.** Puede parecer que una situación vergonzosa va a durar para siempre, pero en realidad solo dura un instante. Es más, es probable que los demás ni se hayan dado cuenta. No se trata de fingir que no ha pasado nada, pero tampoco tienes que quedarte ahí estancada. Si reaccionas como si no fuera un gran problema, no lo será.

El bucle (y cómo salir de él)

Un día estás en la escuela y sales del baño con un trozo de papel higiénico pegado a la suela del zapato. No te das cuenta hasta que te lo dice alguien cuando ya estás en medio del comedor. Te da vergüenza, pero logras reírte de la situación y seguir con lo que estabas haciendo sin pensar más en ello. Hasta aquí, todo bien.

Sin embargo, esa misma noche estás en la cama leyendo y, de repente, te acuerdas de lo que ha pasado en el comedor. Tu cerebro reproduce el vídeo una vez, y luego otra, y otra..., hasta que te dan ganas de gritar: «¡para!».

Sucede muy a menudo. Al cerebro le encanta tomar los peores recuerdos y restregárnoslos por la cara. Lo peor es que el cuerpo reacciona igual que cuando sucede de verdad: te pones colorada, se te acelera la respiración y a veces hasta te dan ganas de llorar. Tu cerebro está intentando que aprendas de la situación, pero la sensación es la de volver a pasar por ella. Entonces, ¿cómo detenemos el vídeo? Pues no lo detenemos; al menos, de momento.

✳ *Siéntate a verlo*. Intentar hacer caso omiso del recuerdo casi nunca funciona. Permítete ver el vídeo que te muestra tu cerebro y acepta los sentimientos que te produzca.

✳ *Piénsalo fríamente*. La imaginación es muy poderosa y es capaz de hacer una montaña de un grano de arena. Reflexiona: ¿de verdad se ha reído de ti todo el comedor? ¿O han sido solo unas risitas de un par de amigas?

✳ *Céntrate en los hechos*. «Vi el trozo de papel higiénico en mi suela y me dio mucha vergüenza. Mis amigas se echaron a reír. Me lo quité, lo tiré a la basura, me senté de nuevo y nos pusimos a hablar del partido de mañana. La escena no duró ni medio minuto».

✳ *Respira hondo*. Está demostrado científicamente que respirar hondo un par de veces ayuda al cuerpo a relajarse. Al espirar, imagínate que el recuerdo es una burbuja que inflas y que se va volando hasta perderse en el horizonte.

✳ *Sé realista*. Tú eres la única que le está dando importancia al asunto. ¿Te acuerdas de la ropa que llevabas ayer? Es posible. Pero ¿y de la que llevaba tu mejor amiga? ¿Y tu profe de mate? ¿Y la chica que estaba a tu lado en clase de educación física? Seguro que no. Todo el mundo se fija más en sus propios momentos vergonzosos que en los de los demás.

Qué hacer cuando te quedas en blanco

Tu profe de educación física está explicando cómo usar las máquinas. Mientras hace una demostración, se te ocurre una pregunta y levantas la mano. Cuando la profe termina, te mira con una sonrisa y dice: «¿Querías preguntar algo?».

Abres la boca... y no recuerdas qué querías preguntar.

—Eh..., pues se me ha olvidado.

La profe pasa a explicar el uso de las mancuernas y, de repente, vuelves a recordar la pregunta. Levantas la mano de nuevo, y cuando tu profe te hace un gesto, respiras hondo y empiezas a balbucear:

—En la máquina de pesas, ¿cómo sabemos cuándo...? O sea, si tengo que ponerle más peso, o menos, o... Es decir, ¿cuánto...?

En tu cabeza es una pregunta sencillísima, pero se te empieza a trabar la lengua con cada palabra y acabas diciendo cosas sin sentido. A las personas que tienen TDAH les pasa más a menudo, pero de vez en cuando le puede pasar a cualquiera.

Es difícil predecir cuándo va a suceder algo así. Y aunque no tenga mayor importancia, puede darnos la sensación de que sí la tiene y ponernos muy nerviosas. La próxima vez que quieras preguntar algo, seguramente te dirás a ti misma: «Mira lo que sucedió la última vez y la vergüenza que pasaste. Mejor ni lo intentes».

No dejes que estos olvidos o titubeos te bloqueen a la hora de hacer preguntas

VOCES REBELDES

«No pasa nada por decir "no recuerdo qué quería decir", ¡nos pasa a todas!».
Ana, 10 años, Belmopán, Belice.

o probar cosas nuevas. Lo mejor que puedes hacer es aprender a manejar estas situaciones para estar preparada si vuelven a suceder. Aquí tienes algunos consejos:

* **Date un momento.** Si se te queda la mente en blanco o se te traba la lengua, es normal que te pongas nerviosa. Pero lo único que hacen los nervios es hacernos aún más difícil decir lo que queremos. Así que date un segundo y respira hondo antes de empezar a hablar.

* **Pide que te concedan unos instantes.** No te limites a murmurar «da igual». Todos lo entenderán si dices: «Ay, perdona, ya no sé qué quería preguntar. En cuanto me acuerde te lo digo».

* **Rebobina mentalmente.** Cuando ya no tengas encima los ojos de todo el mundo y dejes de sentir esa presión, reflexiona. ¿En qué estabas pensando? ¿Qué estabas mirando? ¿De qué te estaban hablando? La mayoría de las veces se te volverá a ocurrir lo que querías decir, y esta vez lograrás expresarlo con más claridad.

CÓMO TOMÁRTELO CON FILOSOFÍA, GANES O PIERDAS

¿A quién no le gusta ganar? una carrera o el parchís, o el papel protagonista en la obra de teatro de la escuela, ser la primera siempre es genial.

Pero las cosas no siempre salen tan bien. A veces ensayas día y noche para las audiciones de la orquesta, pero no te seleccionan, o te lesionas en el último

momento y no puedes jugar la final del campeonato de futbol o te gana tu oponente en las elecciones a delegada de la clase.

Es normal estar triste o enfadada cuando pasan estas cosas y, de hecho, es bueno enfrentarse a sentimientos de ese tipo. De todo se puede aprender algo, y así estarás mejor preparada para la próxima vez.

Lo que no está bien es ser mala perdedora, es decir, blandir tu decepción para justificar un mal comportamiento. Puedes estar enfadada, pero no puedes ser maleducada; puedes haberte llevado un chasco, pero no puedes ser irrespetuosa ni insultar a la ganadora.

A veces, sin embargo, en el momento es mucho más fácil decirlo que hacerlo. La próxima vez que veas a tu oponente celebrar la victoria que tanto anhelabas, sigue estos consejos:

✳ **Espera a sentirte más calmada.** Si la derrota te da mucha rabia, aléjate de la situación hasta que puedas controlarte un poco mejor.

- ✳ **Enorgullécete de tu esfuerzo.** Ganes o pierdas, has trabajado y mejorado mucho: eso ya no te lo quita nadie.
- ✳ **Acepta la derrota.** Negarla o poner excusas solo va a dejar en evidencia que no sabes perder. Se puede aceptar la derrota con elegancia y humildad.
- ✳ **Felicita a la ganadora.** Sonríele y estréchale la mano. No solo es de buena educación, sino que, además, te sentirás mejor.
- ✳ **Tómatelo como una oportunidad.** El fracaso es parte de la vida. Las personas con más éxito del mundo se toman sus fracasos como oportunidades de aprender y mejorar.

Eso sí, recuerda que tampoco se debe ser mala ganadora. Si te pones a alardear, presumir y restregarle la medalla por la cara al perdedor, lo que estás demostrando es que a lo mejor no te merecías esa victoria. Trata a tus contrincantes con la misma cortesía con la que quieres que ellos te traten a ti.

CÓMO DISCULPARTE CUANDO HIERES LOS SENTIMIENTOS DE ALGUIEN

«Lo siento».

Si son dos palabras tan cortitas, ¿por qué cuesta tanto decirlas? Cuando lastimas a otra persona y sabes que le debes una disculpa, a tu mente enseguida se le ocurren excusas: «seguro que ni me oyó» o «ya no creo ni que se acuerde».

Pero piénsalo así: la última vez que alguien te lastimó, ¿lo olvidaste al poco tiempo? Es probable que no.

Fingir que un problema no existe no hace que deje de existir. A veces, cuando reconoces que algo que has hecho puede haber lastimado a alguien a quien quieres, te sientes la peor persona del mundo. Pero te sentirás mucho mejor si dices esas dos palabras mágicas.

Imagínate esto

A Courtni le encanta hacer reír a la gente, y además lo hace bien. Sueña con ser comediante, y para ella cada día es una oportunidad para inventar un chiste nuevo. Su mejor amiga, Priya, es su fan número uno.

El día que Priya aparece en la escuela con brackets en los dientes, unas gomas verdes bien visibles, a Courtni enseguida se le ocurre una bromita:

—¡Tranquila, Priya, que seguro que hay alguna pasta de dientes especial para piños con moho!

A todos les hace mucha gracia..., salvo a Priya, que le dedica a su amiga una sonrisa con los labios apretados y va a sentarse a su pupitre. A Courtni se le hace un nudo en el estómago.

A la hora de comer se fija en que Priya esconde la boca detrás de su bocadillo todo el rato, y le pregunta:

—Oye, lo que dije antes era de broma. Lo sabes, ¿no?

—Sí, lo sé —responde. No parece enfadada.

Después de clase, van juntas en el autobús hablando de su serie favorita. Courtni está casi segura de que Priya ya no se acuerda de la broma del moho en los dientes, o sea que ya no hace falta que se disculpe... ¿o sí?

A la hora de disculparse es fundamental la empatía, es decir, ponerse en la piel de la otra persona e intentar entender lo que siente. ¿Cómo te sentirías si fueras Priya? ¿Crees que te sentirías mejor si Courtni te pidiera perdón por el chiste? Cuando le haces daño a alguien (aunque sea sin querer) se resiente la confianza que hay entre ambas. Una disculpa sincera es la mejor manera de empezar a reparar ese daño.

¡No olvides que errar es humano! Nos pasa a todos. Lo importante es que, cuando cometas un error, te hagas responsable, lo admitas y aprendas de él.

Una disculpa sincera en tres pasos

De acuerdo, quieres disculparte, pero... ¿qué decir, y cómo? ¡Aquí van tres consejos!

1. *Abrevia.* No hace falta que relates todo lo que has hecho mal: ya lo sabéis las dos perfectamente. Ve directa al «perdón».

2. *No pongas excusas.* No querías hacerle daño a tu amiga, pero la realidad es que lo has hecho. No empieces a justificar tus actos y a poner excusas. El propósito de la disculpa es comunicarle que eres consciente de que tus actos la molestaron, que te arrepientes de ello y que intentarás no volver a hacerlo.

3. *Dale tiempo.* Disculparte depende de ti, pero que la otra persona te perdone depende de ella. Si tu amiga no te perdona en el momento, no te preocupes: ten paciencia y haz todo lo que puedas para demostrarle que puede confiar en ti.

Qué hacer cuando alguien te hace daño a ti

La confianza es uno de los elementos más importantes en una amistad. Piensa en el día en que conociste a tu mejor amiga: ¿le contaste tus secretos más íntimos desde el primer momento? Seguro que esperaste a que os conocierais un poco mejor y fuera creciendo la confianza entre las dos.

Por eso, cuando quien nos lastima es una amiga, duele más que si es otra persona, aunque lo haga sin querer. Puede que sientas que te ha traicionado, y en algunos casos, puede que así sea. Se ha roto la confianza, y restablecerla puede llevar tiempo. No podemos controlar lo que hacen nuestros amigos cuando se dan cuenta de lo que han hecho, pero sí podemos controlar nuestra propia reacción. La próxima vez que te sientas herida por las palabras o los actos de una amiga, intenta hacer lo siguiente:

✳ **Espera a sentirte más calmada.** Cuando nos sentimos heridas, a menudo ese sentimiento viene acompañado de enfado, y es normal. Pero si estamos enfadadas, es fácil perder los estribos y decir o hacer algo que en realidad no queríamos. Unos minutos y unas cuantas respiraciones profundas te ayudarán a pensar de manera más racional.

✳ **Ponte en la piel de tu amiga.** La mayoría de las veces, nuestros amigos no tienen mala intención. Puede haberlo hecho sin pensar, por la presión del momento o porque estaba de mal humor. A todas nos pasa de vez en cuando. Aunque eso no sea excusa para herir los sentimientos de otras personas, puede ayudarnos a entender por qué ha sucedido.

✳ **Habla con tu amiga.** Es tentador omitir este paso, porque decirle a alguien que te ha hecho daño puede dar un poco de vergüenza. Lo que muchas veces acabamos haciendo en su lugar es despotricar ante el resto de nuestras amigas; esto puede hacerte sentir mejor por unos instantes, pero a la larga hace más mal que bien. Lo mejor que puedes hacer es hablarlo tranquilamente con tu amiga.

✳ **Explícale lo que hizo.** Imagínate que le has prometido a una amiga que le vas a prestar la calculadora para el examen de matemáticas, porque a ella se le la suya. Habéis quedado en veros en el cambio de clase para dársela, pero cuando llega el día, estás a otra cosa y se te olvida por completo. El resto del día, tu amiga te hace caras, y no sabes por qué. ¿Verdad que preferirías que te recordara lo que le habías prometido, para que sepas por qué está enfadada y poder disculparte? Lo mejor es explicarle directamente qué es lo que ha dicho o hecho que te ha molestado tanto, en lugar de soltarle indirectas o quedarte callada.

✳ **Dile por qué te molestó.** Pongamos que tu amiga hizo un comentario que te dolió sobre tu nuevo corte de pelo. Tu sentimiento es muy válido, pero eso no significa que tu amiga lo haya dicho con mala intención. Cuéntale por qué el comentario te dolió tanto y dale la oportunidad de explicarte lo que en realidad quería decir con él.

✳ **Escucha.** Cuando te cuente sus razones, a lo mejor te sorprende. O a lo mejor no tiene ninguna justificación. Sea como sea, no lo vas a saber mientras no le des la oportunidad de explicarse. Una vez lo haya hecho, podréis buscar una solución entre las dos.

Recuerda que perdonar es una opción, no una obligación. Si una amiga nos lastima a propósito, puede ser difícil mantener esa amistad. Si tu amiga se disculpa, de ti depende perdonarla o no, y también depende de ti si quieres que la amistad siga existiendo como hasta ahora.

QUÉ HACER CUANDO METES LA PATA A LO GRANDE

Ay...

Cuando un grupo de compañeros se rio de una chica por su torpeza en clase de educación física, te uniste a ellos.

Le prometiste a tu hermano que irías a su primer partido de futbol, pero lo dejaste plantado porque tu mejor amiga te propuso otro plan.

Te entró el pánico durante un examen y copiaste de tu compañera de al lado.

En otras palabras, has metido la pata hasta el fondo. ¿Y ahora qué? Cuando cometes un error, tu primera reacción puede ser hacerte la loca. Tu cerebro te presenta todo un catálogo de excusas. «No creo que a esa chica le importaran las burlas». «Mi hermano estaba centrado en el partido y ni se habrá dado cuenta de que no he ido». «Mi compañera no me vio copiando sus respuestas, o eso creo, así que no pasa nada, ¿verdad?».

Mentira.

Hacer como si no pasara nada hará que a la larga te sientas peor: te estás mintiendo a ti misma, y ¿a quién le gusta que le mientan?

En cambio, puede que cuando cometas un error te entre el pánico y sientas la necesidad de arreglarlo

de inmediato. Lo malo es que cuando estamos en modo pánico no solemos ser capaces de dar lo mejor de nosotras mismas. Cuando te sientes así, puedes acabar cometiendo otro error aún más grande.

Por eso lo primero que tienes que hacer en estas situaciones es mantener la calma. Respira hondo, por ejemplo, y recuérdate a ti misma que no se acaba el mundo por lo que acaba de pasar. Despeja la mente para poder pensar con claridad.

A continuación, sincérate sobre lo que has hecho, primero contigo misma, y después con las personas a las que hayas afectado. Acércate a la chica de la que se estaban burlando todos y pídele perdón. Discúlpate con tu hermano por no haber ido a su partido. Ponte un recordatorio para no olvidarte del próximo examen, estudia y prométete a ti misma no volver a copiar.

VOCES REBELDES

«No creo que en la vida importe lo que uno pudo haber sido, sino lo que uno ha intentado hacer. No me importa que las cosas me salgan mal, pero no me perdonaría no haberlas intentado».
Nikki Giovanni, poeta

Por último, reflexiona sobre lo que puedes aprender de tu error: tómatelo como una oportunidad de mejora. ¿Qué vas a hacer la próxima vez? ¿Defender a la chica de la clase de educación física? ¿Proponerle a tu amiga ir al partido de tu hermano? ¿Usar una agenda para que no se te vuelva a olvidar estudiar para un examen? Puedes convertir un suceso negativo en positivo si te lo tomas como una oportunidad para crecer y mejorar como persona.

VOCES REBELDES

«El fracaso no existe. Lo que llamamos fracaso no es otra cosa que un cambio de rumbo al que nos empuja la vida».
Oprah Winfrey, presentadora de televisión y empresaria

LOS ENREDOS DE RUMORES, SECRETOS Y CHISMES

¿Sabes qué pasa con los chismes? Que todo el mundo los difunde alguna vez en su vida. Bien porque creemos que el rumor es cierto, o bien porque es un secreto superfuerte y nos da igual que sea verdad o mentira: lo que queremos es contarlo ya. Sin embargo, no siempre nos enorgullecemos de hacerlo, sobre todo si al final alguien sale mal parado.

Pero ¿por qué contamos chismes?

Hay estudios científicos sobre esto, y dicen que el chisme no tiene por qué ser malo. No es más que un grupo de personas que hablan de otra persona que no está presente.

—Cara se tuvo una pelea tremenda de sus papás esta mañana. Por eso está tan rara.

—¡Pobre Cara! A ver si a la hora de comer conseguimos animarla.

¿Eso es contar un chisme? Sí, pero ¿es dañino? Para nada. Solo es una conversación entre dos amigas que se preocupan por una tercera.

Los estudios dicen que el chisme suele ser neutro, y solo el 15 % de las veces es negativo. Hay una razón por la que la gente chismea, o mejor dicho, unas cuantas: nos sirve para entablar lazos con otras personas, compartir información social, aprender nuestra cultura y, seamos sinceras, también para divertirnos un poco.

Pero los chismes no siempre son amables. Un rumor puede hacer mucho daño, sea verdadero o falso.

—¿Te has enterado de lo de April? ¡Le dio un ataque de risa en la clase de educación física y se hizo pipí!

—¡Ay, Dios, qué asco! Pues hoy me tengo que sentar con ella en clase de matemáticas...

En este caso, el chisme sobre April es claramente negativo. ¡Y puede que ni siquiera sea cierto!

Oh, oh... He contado un chisme y ahora me arrepiento. ¿Qué hago?

Si te enteras de que el rumor es falso, lo primero que puedes hacer es hablar con la persona a quien se lo hayas contado inicialmente y decirle que esa historia tan jugosa no era cierta.

Si no estás segura de si es cierto o no, o si sabes que es cierto, pero pertenece a la intimidad de otra persona y puede hacerle daño, habla con todos aquellos a quienes se lo hayas contado y pídeles que dejen de difundirlo. Puede que te hagan caso o puede que no, pero al menos inténtalo.

Lo siguiente es lo más difícil: decírselo a la persona a la que se refería el chisme. Discúlpate y pregúntale si quiere saber lo que dice el rumor. Recuerda que no importa si es cierto o no.

Por último, no esperes que te perdone inmediatamente. Dale tiempo y espacio para gestionarlo, y pregúntale si hay algo que puedas hacer mientras tanto para mejorar la situación.

¡Acabo de enterarme de que está circulando un rumor sobre mí! ¡¿Ahora qué?!

Nunca es agradable enterarse de que eres objeto de chismes, y tienes derecho a sentirte herida, triste o incluso enfadada. Sin embargo, ese no es el mejor estado emocional para tomar decisiones correctas; quizá tu primera reacción sea enfrentarte a cualquiera que lo haya difundido, pero mejor espera a sentirte más calmada y sigue estos consejos:

* **Acude a tu grupo de apoyo.** Es decir, amigos y adultos en los que confíes. Cuéntales lo que se está diciendo de ti y de qué manera te afecta, y ábrete a que te brinden su apoyo.

* **Planta cara a los chismosos.** Una vez te hayas calmado (y sepas que eres capaz de mantener esa calma), hazles saber que lo que han hecho te ha dolido. Dales la oportunidad de disculparse y decide si quieres perdonarles o no.

* **Informa de los abusones.** Si es un rumor dañino y consideras que te están acosando, cuéntaselo a un adulto.

* **No busques venganza.** Cuando alguien nos lastima, a veces nuestro primer impulso es devolverle el daño, pero eso lleva a una escalada que enseguida se descontrola, y al final todo acaba de la peor manera para todos.

※ **Dedica un rato al autocuidado.**
Algo que te guste y te haga sentir mejor,
ya sea una sesión de manicura con tus
amigas, bailar tú sola en tu habitación
o dedicarle unas horas a tu videojuego
favorito.

¡AYUDA! ME HE OLVIDADO POR COMPLETO DE...

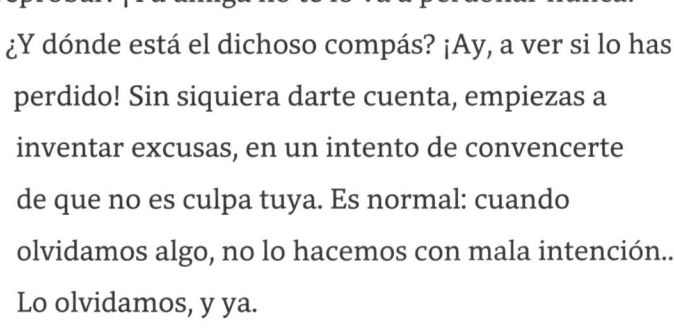

Nos pasa a todas tarde o temprano. Un examen de geometría, el cumpleaños
de tu mejor amiga o el compás que te prestó tu compañero. Es importantísimo,
hasta lo tienes apuntado en la agenda, pero cuando llega el momento... se te
borra de la cabeza.

¡Vaya!

Te pones nerviosa y empiezas a imaginarte escenarios apocalípticos. ¡Vas a
reprobar! ¡Tu amiga no te lo va a perdonar nunca!

¿Y dónde está el dichoso compás? ¡Ay, a ver si lo has
perdido! Sin siquiera darte cuenta, empiezas a
inventar excusas, en un intento de convencerte
de que no es culpa tuya. Es normal: cuando
olvidamos algo, no lo hacemos con mala intención...
Lo olvidamos, y ya.

De todos modos, sí es culpa tuya,
y responsabilizarte de las consecuencias siempre
te va a dar un mejor resultado que inventar una

mentira, por inocente que sea. La próxima vez que se te olvide algo importante, sigue estas sugerencias:

✳ **Reconoce el error.** Sin excusas. Le confiesas a tu profe que olvidaste estudiar; a tu amiga, que se te olvidó que era su cumple, y a tu compañero, que olvidaste devolverle lo que te prestó.

✳ **Pide perdón (si hace falta).** A veces, la única a la que le debes una disculpa eres tú misma, pero si esto ha afectado a otra persona (por ejemplo, a tu amiga que cumpleaños), una disculpa puede enmendar el daño causado.

✳ **Explica cómo vas a mejorar.** ¿Qué pretendes hacer para no volver a olvidarlo en el futuro? Por ejemplo, enséñale a tu profe el recordatorio que te has puesto en tu calendario.

✳ **Propón una solución.** Pregúntale a tu profe si puedes repetir el examen, invita a tu amiga a patinar sobre hielo o a preparar juntas su tarta favorita, y corre a devolverle el compás a tu compañero.

Olvidarse de las cosas puede ser bastante frustrante y vergonzoso a veces, pero responsabilizarte del error ayudará mucho a cimentar la confianza entre la persona afectada y tú.

Cuestionario: ¿Cuál es tu estilo de comunicación?

1. **En un ensayo de la banda, el otro percusionista te pide prestado un par de baquetas. Tú se las prestas, pero le avisas de que las vas a necesitar para el concierto del día siguiente. Cuando llega la hora del concierto, tu compañero aparece sin las baquetas. ¿Cómo reaccionas?**

   A. Le digo que más le vale traerme inmediatamente otro par de baquetas, si sabe lo que le conviene.
   B. Empiezo a preguntar entre la banda si alguien tiene unas baquetas que le sobren.
   C. Hago un gesto de indiferencia y le digo que no tiene importancia, pero luego no le hablo en toda la semana.
   D. Le digo lo mal que me parece y le pido que me ayude a encontrar otro par.

2. **Hay una chica nueva en la escuela que parece muy tímida. Oyes a un grupito hablar de ella en voz baja: las cosas que dicen de ella son bastante malas, y probablemente no sean ciertas siquiera. ¿Qué haces?**

   A. Me acerco al grupo pisando bien fuerte y les digo que inventar chismes es de muy mala educación.
   B. No digo nada, pero la próxima vez que veo a la chica, me presento y le doy la bienvenida a la escuela.
   C. Miro al grupo con asco y los ignoro hasta que empiecen a tratar mejor a la chica.
   D. Les pregunto si ya han hablado con ella. Si me responden que no, propongo que vayamos juntas a conocerla en lugar de perder el tiempo con chismorreos.

3. **A la hora del almuerzo, una amiga le da un golpe a tu bandeja sin querer y te tira toda la comida por encima. Todo el mundo se ríe, y lo peor es que justo hoy estrenas una falda nueva**

que te encanta y que ahora está cubierta de pescado rebozado. Tu amiga se deshace en disculpas. ¿Qué le contestas?

A. «¡Oye, ten cuidado, que estas manchas no se quitan!».

B. «Da igual, ya la lavaré».

C. «Ahora tendré que comprarme otra falda. Genial».

D. «No te preocupes, ha sido sin querer. Pero la falda me encanta, ¿vamos al baño y me ayudas a lavarla?».

4. **Te has pasado todo el fin de semana haciendo un trabajo para la escuela y estás orgullosísima de él. Cuando la profesora te lo devuelve y ves que solo te ha puesto un 5, te enfadas bastante, sobre todo porque no te ha corregido nada y no entiendes a qué viene una nota tan baja. ¿Qué haces?**

A. Levanto la mano y le pido explicaciones.

B. Nada. La próxima vez me saldrá mejor.

C. No volver a esforzarme. Total, está claro que con esta profesora no sirve de nada.

D. Voy a su mesa después de la clase y le pregunto cuándo tiene un rato libre para hablar sobre mi nota.

5. **Te lo pasas muy bien con tu grupo de teatro, pero algunos de tus compañeros te proponen todos los días que te quedes un rato con ellos después del ensayo en el bosquecillo que hay detrás del centro social. A ti no te hace gracia la idea, porque a esas horas está oscureciendo, y ya se lo has dicho unas cuantas veces, pero hoy vuelven a insistir. Tú estás harta de decirles que no. ¿Cómo se lo expresas en esta ocasión?**

A. «¿Vais a dejarme en paz de una vez? ¿Cuántas veces tengo que decir que no?».

B. «De verdad que lo siento, pero no puedo. No os lo toméis a mal, porfa».

C. «Parece que no entendéis lo que significa "no". Debe de ser psicología inversa».

D. «Gracias por el ofrecimiento, pero de verdad prefiero no ir. No insistáis más, por favor».

6. Tus amigas olvidan tu cumpleaños. No había pasado nunca, pero hoy es un día ajetreado para todas. Tú sabes que no lo han hecho a propósito, pero no puedes evitar estar un poco decepcionada. Al final del día tienes que decir algo, porque si no, vas a explotar. ¿Qué vas a hacer?

A. Les digo lo mal que me ha parecido y les recuerdo que yo nunca olvido sus cumples.

B. Me meto en mi habitación y me pongo a escuchar música. Seguro que mañana se acuerdan.

C. Lo dejo pasar, pero cuando llegue el cumpleaños de alguna de ellas, que no cuente conmigo.

D. Les hablo con sinceridad y les digo que entiendo que hoy están a cien, pero que me ha dolido que nadie se haya acordado de mi cumpleaños.

7. Acabas de empezar en una escuela nueva y ya has hecho amigas. Una de ellas te ofrece ir a su casa el sábado y estás contentísima. Pero una vez allí, propone que os grabéis bailando y subáis el vídeo a TikTok. A ti te gusta grabar vídeos, pero bailar delante de gente no tanto, y menos delante de todo internet. ¿Cómo manejas la situación?

A. Le digo que me apunto a aprender la coreografía, pero que se vaya olvidando de subirlo a TikTok.

B. Le digo que sí a todo y cruzo los dedos para que no lo vea mucha gente.

C. Me invento una mentira, como que me he torcido el tobillo y no puedo bailar.

D. Le digo que no bailo muy bien, pero que si ella quiere hacerlo, yo la grabo con todo gusto.

Mayoría de A: Guerrera de las palabras

Tienes las ideas claras y no te da miedo expresarlas. ¡Fantástico!
Sin embargo, te comunicas de una forma un poco agresiva. No tienes
que traicionar tus principios, pero sí puedes expresarlos de otra manera.
Si te enojas, levantas la voz y dejas de escuchar a la otra persona, lo mejor
es que esperes unos minutos para calmarte y luego retomes
la conversación.

Mayoría de B: Pacifista

No te gusta discutir y tratas de contentar a todo el mundo. Eso está muy
bien, pero esta forma de comunicación, a la larga, acaba empeorando
el conflicto. Cuantos más sentimientos y puntos de vista escondas debajo
de la alfombra, peor será el día que no puedas callarte más. No tengas
miedo de decir lo que piensas a tu familia y amigos: lo más seguro es
que en lugar de aumentar la tensión, la reduzca.

Mayoría de C: Conflicto indirecto

Siempre dices lo que piensas, pero no a las claras, sino mediante
lenguaje corporal y tono irónico. Este tipo de comportamiento se llama
pasivo-agresivo. Si tienes algo que decir, dilo sin miedo; no hace falta
recurrir al sarcasmo ni a las indirectas.

Mayoría de D: Calma y claridad

Sabes que tu opinión importa, pero también respetas las de los demás.
Esto se llama comunicación asertiva y se considera la forma
de comunicación más sana. ¡Felicidades! Los demás ven claramente
que eres una persona que dice lo que piensa y que admira a quienes
hacen lo mismo.

PREGÚNTALE A LA EXPERTA

**Cara Goodwin,
psicóloga infantil**

¿Cómo puedo sentirme más cómoda en lugares concurridos?
Vivian, 11 años, California, EE. UU.

Es normal estar nerviosa o incómoda en medio de mucha gente, pero evitar las multitudes por sistema puede agravar el problema. Acostúmbrate poco a poco, empezando por lo menos abrumador: por ejemplo, ve al museo un día entre semana, y a partir de ahí ve buscando muchedumbres cada vez más grandes. Usa técnicas de relajación para no ponerte nerviosa, como respirar hondo, cerrar los ojos e imaginarte un lugar tranquilo o recordarte a ti misma que no hay ningún peligro. Otra cosa que puedes hacer es usar técnicas de atención plena (también llamada *mindfulness*), que consisten en concentrarse en el presente. Por ejemplo, puedes concentrarte en tu respiración, fijando la atención en cómo entra y sale el aire, o contar los pasos mientras caminas.

> He cometido un error garrafal y no puedo dejar de pensar en ello. ¿Qué me recomiendas para superarlo?
> Charlotte, 11 años, Londres, Reino Unido

Todas cometemos errores y nos cuesta no obsesionarnos con ellos. Intentar pensar en otra cosa no ayuda, porque el cerebro no funciona así. En lugar de eso, permítete a ti misma pensar en lo que has hecho mal y acepta los sentimientos que te produce (sea vergüenza, enfado o tristeza). Después, intenta verlo de otra manera. ¿Has aprendido algo del incidente? ¿Podría haber sido peor? También puedes pensar en lo que le dirías a una amiga que hubiera cometido el mismo error. ¿Verdad que no le dirías que se va a acabar el mundo? Claro que no. Lo que le dirías es que no fuera tan dura consigo misma y que todo el mundo mete la pata de vez en cuando. Aunque en el momento no lo parezca, con el tiempo el problema te parecerá mucho más pequeño. Ten paciencia contigo misma.

CAPÍTULO 5

COSAS DIFÍCILES

Reconozcámoslo: la vida social está llena de altibajos, y una nunca sabe cuándo le va a tocar el «bajo». Por ejemplo, estás toda ilusionada por empezar el nuevo curso y de repente te enteras de que tu mejor amiga, que lleva en tu clase desde siempre, se muda a otra ciudad. O tu equipo de waterpolo está a punto de clasificar para el torneo regional, pero justo antes del último partido se lesiona la mejor goleadora. O fallece el padre de una amiga tuya y no sabes qué hacer o decir para consolarla.

¿Ahora qué? De pronto parece que tu vida está patas arriba y no sabes qué hacer. Los niveles de ansiedad se te disparan más que nunca. Te da la impresión de que todo el esfuerzo invertido en hacer amistades, probar cosas nuevas y establecer límites saludables no ha servido de nada. No queda más remedio que volver a empezar de cero, ¿verdad?

VOCES REBELDES

«Hacer proyectos artísticos me ayuda a calmar los nervios».
Naomi, 8 años, Nuevo México, EE. UU.

Mentira. La gestión de la ansiedad y el mantenimiento de una vida social sana no es la meta, es el camino; y como en cualquier viaje, tienes que pensar bien lo que metes en las maletas. En este caso, te conviene prepararte con técnicas y herramientas que te ayuden a sobrellevar los momentos difíciles que puedan presentarse.

En este capítulo veremos todo lo que necesitas para enfrentarte a esos momentos en los que parece que el mundo se acaba.

CÓMO ABORDAR EL ACOSO ESCOLAR

Todos hemos oído hablar del acoso escolar (también llamado *bullying*), pero ¿qué es exactamente? Es difícil de definir. ¿Hablar de una amiga a sus espaldas es acoso? ¿Y no hacerle caso a un compañero que te cae mal?

Según el sitio web estadounidense StopBullying.gov, el acoso escolar consiste en «maltratar a otro chico o chica de manera constante». Esto incluye violencia física de todo tipo (golpes, pellizcos, empujones...) y amenazas de violencia física, aunque esta no se llegue a producir; así como insultos, burlas y calumnias; es decir, hablar mal de otra persona. También puede incluir la exclusión deliberada de un compañero o compañera.

Eso en lo que respecta al acoso en persona, pero el acoso también puede hacerse por internet: en ese caso se llama ciberacoso. El ciberacoso es, por ejemplo, ponerse de acuerdo para publicar comentarios dañinos en la foto de Instagram de un compañero o subir un vídeo a TikTok sin su permiso para dejarlo en ridículo. Cualquier tipo de maltrato mediante mensajes, correo electrónico o redes sociales es ciberacoso.

El acoso puede tener un efecto nefasto en nuestra salud física, mental y emocional. Puede hacernos sentir ansiedad y miedo hasta el punto de ponernos enfermas. ¡De verdad que es horrible! Por eso las Rebeldes saben reconocer el acoso y reaccionar a él.

VOCES REBELDES

«La amabilidad ayuda a las personas. Es lo que nos acerca los unos a los otros y lo que nos mantiene sanos». Lady Gaga, cantante y activista

¿Qué puedo hacer si veo que están acosando a alguien?

Ver a un abusón o bravucón meterse con alguien puede hacernos sentir muchas cosas: miedo, pena e incluso abatimiento. A lo mejor queremos enfrentarnos a él, pero... ¿y si entonces nos convertimos en la siguiente víctima?

En algunas situaciones está muy bien enfrentarse al abusón. Imagínate, por ejemplo, que estás en un pasillo abarrotado durante el cambio de clase, y ves cómo un abusón se mete con una niña y esta se pone a llorar. Algunos de los presentes se ríen, pero otros están como tú: aunque no les gusta lo que ven, no se atreven a intervenir.

Muchas veces basta con que una persona alce la voz para revertir la situación. Basta con que digas «¡oye, tú, déjala en paz!» para que la valentía se contagie, otros se sumen a la defensa y el abusón se sienta en desventaja.

Dicho esto, que quede claro que, si no te sientes segura ante un abusón, no tienes obligación de enfrentarte a él. Otra opción es buscar enseguida al adulto más cercano y avisarle de lo que está pasando, para que pueda intervenir. Después, habla con la víctima y pregúntale cómo está. Las personas que sufren acoso a menudo se sienten solas y aisladas. Tomarnos un momento para ofrecerles nuestro apoyo puede ayudarles a sentirse mejor.

¿Qué hago si me están acosando a mí?

Ser el blanco de un abusón o abusona es muy angustioso. Nadie se lo merece, ¡tampoco tú! La persona que se mete contigo seguramente tenga también sus propios problemas. Quizá alguien la está acosando a ella y lo está pagando contigo, o quiere quedar bien delante de sus amistades. Cualquiera que sea el motivo, no excusa su comportamiento. Si eres la víctima, aquí tienes algunas estrategias:

* **Mantén la calma y pídele que pare.** Los abusones buscan una reacción, como que llores o que te sonrojes. Son reacciones difíciles de controlar. Pero si tú no muestras preocupación y simplemente le dices «no lo vuelvas a hacer, porfa», te sorprenderá el resultado. Si el abusón no consigue de ti la reacción que busca, es probable que deje de intentarlo.

* **Ríete tú también.** Esto no sirve en todas las situaciones, claro, pero si alguien se mete contigo delante de un grupo de gente, generalmente lo que pretende es hacer reír a los demás. Si eres la primera en reírte, los demás se reirán contigo, no de ti. Es un pequeño giro que le quita el poder al abusón.

* **Busca un adulto.** No estás siendo una soplona: estás pidiendo ayuda. ¿Recuerdas lo que hemos visto en el capítulo 3? Pedir ayuda es una muestra de valentía y madurez, y aunque a veces sea difícil, ¡tú puedes hacerlo! Sean tus padres, un profesor en el que confías o una orientadora, pueden ayudarte a procesar lo que sientes y a tomar las

acciones necesarias para ponerle fin al acoso.

* **Ten cuidado con lo que publicas en internet.** En el momento en que subes una foto o un vídeo, se queda en internet para siempre. No compartas nada que pueda encontrar un acosador y usarlo en tu contra. Fíjate bien en la configuración de seguridad de tus cuentas para controlar quién puede ver tus publicaciones.

* **Ojo con los mensajes que envías.** Al igual que las publicaciones en redes sociales, muchas veces los mensajes no se pueden eliminar. Ten cuidado con los mensajes que escribes a tus amigos o en chats grupales.

¡Quiero hacer más!

El problema del acoso escolar es que los niños lo conocen mejor que los adultos, porque son quienes lo sufren. Los abusones suelen esperar a que no haya adultos cerca para actuar. Imaginemos la siguiente situación. Los viernes hacéis la clase de lengua en la biblioteca, que es enorme y, aunque están presentes la profesora y la bibliotecaria, es imposible vigilar a todos los alumnos por todos los pasillos y estanterías. Tú ves todos los viernes a un abusón que

«EL FIN DEL ACOSO EMPIEZA CONMIGO».

se mete con todo aquel que se acerca a la enciclopedia que hay al fondo. Todos los compañeros sabéis lo que sucede, pero la profesora no... hasta que se lo dices TÚ.

Pregunta en tu escuela si hay algún programa o comité de seguridad escolar al que te puedas inscribir. Si no existe, créalo tú. También puedes escribir artículos sobre acoso escolar en el periódico o la página web de la escuela. Hay muchas maneras de contar lo que sabes para que podáis enfrentaros al problema todos juntos.

QUÉ HACER CUANDO ALGUIEN ESTÁ ENFERMO O SE HA HECHO DAÑO

Tener un amigo o familiar enfermo puede generar un montón de estrés. Quieres hacerle sentir mejor, pero no sabes cómo. Además, te come la incertidumbre: ¿cuándo empezará a mejorar? Por si fuera poco, los problemas físicos pueden producir tristeza e incluso depresión. Es horrible ver hundirse a alguien a quien quieres, pero ¿qué puedes hacer tú para animarle?

Sin darte cuenta, acabas completamente abrumada, ¡y ni siquiera eres tú la que está enferma! Y además, ahora te sientes culpable también.

Lo cierto es que no puedes mejorar su salud, pero sí que puedes apoyarle si sigues estos pasos:

✳ **Escucha.** Cuando estamos enfermos o nos hemos lastimado, a veces lo único que nos apetece es quejarnos, sobre todo si nos acaban de diagnosticar la enfermedad o el accidente es muy reciente. No intentes quitarle importancia al asunto diciendo cosas del estilo de «bueno, podría ser peor». Deja que se desahogue hasta quedarse a gusto y ayúdale a sentirse validada.

* **Pregúntale qué puedes hacer por ella.** A algunas personas les encanta recibir mimos cuando están enfermas, mientras que otras prefieren que las dejen tranquilas. Averigua que prefiere y actúa en consecuencia.

* **Investiga.** Si no sabes muy bien lo que le pasa, búscalo. Internet está lleno de información que te ayudará a entender por lo que está pasando la persona y lo que puedes y no puedes hacer. (Por ejemplo, mandarle flores a una persona inmunodeprimida es mala idea, porque las flores pueden contener moho o microbios). Eso sí, asegúrate de buscar la información en sitios web fiables, como páginas de hospitales o de organizaciones sanitarias.

* **Cambia de tema.** Cuando llevamos una temporada con un problema de salud, es posible que nos cansemos de hablar de él. Es tentador preguntarle todo el rato cómo se siente, pero seguro que le apetece más hablar de otra cosa.

* **Comunícate con frecuencia.** A veces pasan semanas o meses sin que podamos ver a una amiga enferma, pero no queremos que crea que nos hemos olvidado de ella. Llámala o escríbele con regularidad para preguntarle cómo está y recordarle que sigues pensando en ella. Hasta puedes enviarle una imagen simpática para alegrarle un poco el día.

VOCES REBELDES

«Vale mucho más sentir que te escuchan a ti que a tus ideas. Es una muestra de respeto. Nos hace sentirnos valoradas».
Deborah Tannen, lingüista

¡AYUDA! ¡ES UNA EMERGENCIA!

Las emergencias pueden causarnos un ataque de nervios. Y no pasa nada, es más: puede ser bueno. Cuando presenciamos una emergencia médica (alguien sufre una convulsión, o se desmaya, o se rompe un brazo...), el cuerpo responde segregando adrenalina, una hormona que acelera el corazón, nos pone alerta y aumenta el nivel de azúcar en sangre para que tengamos la energía necesaria para actuar enseguida.

En esos casos, lo primero que tienes que hacer es pedir ayuda, a gritos si hace falta. Cuanta más gente acuda, mejor: rebaja la presión sobre ti y podéis ayudar entre todos.

Lo siguiente es llamar al 112 o 911. Si no tienes teléfono, pídele a otra persona que llame o que te preste su móvil. Si eres tú quien llama, habla con tanta calma y claridad como puedas para que el teleoperador entienda todo lo que dices. Explícale lo que ha pasado y dale el lugar exacto. El teleoperador te dirá qué hacer hasta que llegue la ayuda médica.

Pasado el mal rato, seguramente te sentirás aliviada, pero puede que pronto vuelvas a preocuparte. ¿Recuerdas lo de que a nuestro cerebro le encanta recordarnos los momentos vergonzosos? Pues a veces hace lo mismo con los eventos traumáticos. En ese caso, lo mejor que puedes hacer es hablarlo con amigas o familiares: contar la historia en voz alta te ayudará a tranquilizarte. Si sigues con la adrenalina alta, da un paseo, anda en bici o haz alguna actividad física que te guste. Si pasadas un par de semanas todavía no puedes dejar de pensar en lo ocurrido, plantéales a tus padres la posibilidad de ir a terapia para que un profesional te ayude a poner tus sentimientos en orden.

CÓMO APOYAR A UNA AMIGA QUE PASA POR UN MAL MOMENTO

Ver que una amiga la pasa mal puede hacernos sentir impotencia: verla triste nos entristece. Queremos hacer algo para ayudarle a solucionar su problema, pero no sabemos qué, y lo que es peor: puede que el problema no tenga solución. ¿Cómo la apoyamos?

* **Pregúntaselo a ella.** Cada persona es un mundo, y no hay manera de saber qué forma de apoyo prefiere alguien si no se lo preguntamos directamente. Escucha a tu amiga y pregúntale qué necesita de ti ahora mismo. Si lo que quiere es estar un tiempo sola, no te lo tomes a mal: respeta su deseo y más tarde puedes preguntarle de nuevo cómo se encuentra.

* **Empatiza sin quitarle importancia.** Cuando una amiga tiene un problema, a veces nuestra primera reacción es pensar en alguna situación similar que hayamos vivido. Por ejemplo, si tu amiga hizo una audición para la obra de teatro de la escuela y no le dieron el papel que quería, puede que te recuerde a la vez que no te aceptaron en el equipo de voleibol; eso se llama empatizar y te ayuda a entender cómo se siente tu amiga. Pero ten cuidado de no quitarle importancia

a su problema. Decir cosas como «bueno, tú por lo menos has conseguido un papel en la obra, yo me quedé fuera del equipo de voleibol» no ayuda nada.

* **Compadécete sin intentar arreglarlo.** La mejor manera de validar los sentimientos de alguien es decirle «siento mucho que tengas que pasar por esto», pero empezar a ofrecer soluciones no suele ser tan útil como puede parecer. Lo cierto es que todos pasamos por situaciones que no se pueden solucionar; este es el caso si, por ejemplo, los padres de tu amiga se están divorciando, o si su abuela está gravemente enferma. Lo mejor que puedes hacer es estar a su lado y ofrecerle un hombro en el que llorar.

* **Recuérdale que le ayudarás a superarlo.** Cuando una amiga está preocupada, tendemos a decir cosas como «¡ya verás como al final sale bien!». Puede que salga bien o puede que no, pero sea como fuere, esas expresiones no son útiles en ese momento. Acepta que no sabéis lo que va a pasar, pero asegúrale a tu amiga que estarás a su lado pase lo que pase.

Cómo expresar que lo estás pasando mal

La vida está llena de altibajos, y a veces los «bajos» son muy bajos: por ejemplo, si tu madre se queda sin trabajo y de pronto toda la familia se ve en dificultades económicas; o suspendes un examen a pesar de haber estudiado un montón y tienes que ir a la recuperación, o tu mejor amiga desde que erais pequeñas cambia de grupito y empieza a ignorarte.

Además, estas situaciones tienen la dificultad añadida de que no tenemos ningún control sobre ellas: ni puedes encontrarle otro trabajo a tu madre, ni puedes obligar a tu profesor a aprobarte, ni puedes hacer que tu amiga deje al otro grupito. Esta falta de control puede hacernos entrar en pánico.

Hay muchas razones por las que podemos no querer hablar de lo que nos preocupa; entre ellas, la vergüenza, la culpa o el no querer molestar a los demás con nuestros problemas. Sin embargo, nuestros sentimientos también son importantes, y contárselos a alguien de confianza puede ayudarnos a procesarlos y superar la situación.

Pero es que además, ¡a los demás les encanta ayudar! Tienes amistades y familia que te quieren y se preocupan por ti. Si tienes problemas, querrán saberlo para poder estar a tu lado. Al fin y al cabo, es lo mismo que harías tú en su lugar, ¿o no?

Lo bueno es que ya tienes una red de apoyo, es decir, un grupo de personas que se interesan por ti. Esto incluye familia, amistades, compañeros de clase, profesores y cualquier persona en la que  puedas confiar. Todas ellas están cerca de ti y te brindarán su apoyo cuando lo necesites, y ahora mismo, lo necesitas de verdad.

Con todo, puede que aún te cueste contarle a alguien lo que te pasa. Preparar con antelación lo que quieres decir puede darte seguridad en ti misma; y antes de hablar con la otra persona, piensa en lo que necesitas exactamente.

¿Necesitas ayuda para encontrar una solución a tu problema? ¿O solamente quieres desahogarte? Sé clara y sincera y permítele a tu red de apoyo hacer lo que mejor sabe.

⚡ Imagínate esto ⚡

Mallory está teniendo un curso fantástico. Forma parte del equipo que prepara el anuario de la escuela y ha hecho montones de amigas, entre ellas una chica llamada Kayla. Además, tiene muchas ganas de ir de vacaciones con su familia a la casa del lago, como todos los veranos.

Sin embargo, a pocas semanas del final del curso, sus padres le anuncian que se van a divorciar. Mallory se queda de piedra, sobre todo cuando se da cuenta de que este verano no habrá vacaciones familiares y, por tanto, tampoco irán a la casa del lago.

Mallory está muy triste. Sus padres han dejado de discutir y le prometen que el divorcio mejorará la situación, pero ella no entiende cómo. En la escuela, sus amigas la notan ensimismada. Cuando se reúne el equipo del anuario, sus compañeros le preguntan qué le pasa, pero ella no se lo cuenta. No es que no confíe en ellos: es que no van a entender cuánto está sufriendo, y además, decirlo en voz alta lo hará más abrumador aún.

El día que los anuarios llegan de la imprenta, todo el equipo se junta alrededor de las cajas con gran emoción. Mientras las abren y admiran el resultado de meses de trabajo, Mallory no puede contener una lágrima. No quiere ver las fotos de cuando era feliz. El anuario la está poniendo aún más triste.

Sale de la habitación con una excusa y Kayla va detrás de ella. Cuando le pregunta qué sucede, Mallory se desmorona y empieza a llorar. Entre sollozos, le cuenta a su amiga todo lo del divorcio.

–Y lo peor es que no puedo dejar de pensar en la casa del lago –se lamenta–. ¿A que es una tontería? Total, no es más que una semana, y además, sé que mis padres van a ser más felices si se separan. Estoy enfadada con ellos por no seguir juntos, y al mismo tiempo estoy enfadada conmigo misma por ser tan egoísta.

Para sorpresa de Mallory, Kayla lo entiende perfectamente.

–Mis padres se divorciaron hace unos años –le cuenta–. Los primeros meses lo pasé fatal, pero luego las cosas fueron mejorando.

Kayla le relata su experiencia y le describe cómo es su familia en la actualidad: diferente, pero no peor. Mallory escucha con atención. Empieza a imaginar cómo será su propia familia dentro de un año. Quizá no vuelvan a ir a la casa del lago, pero ya surgirán tradiciones nuevas, tanto con su madre como con su padre. Al final de la conversación, Mallory le da las gracias de corazón a Kayla por su apoyo. Hablar de sus sentimientos ha sido doloroso, pero le ha resultado de gran ayuda.

CÓMO ACTUAR CUANDO UNA AMIGA SE MUDA A OTRA CIUDAD

Enterarse de que una amiga se va de la ciudad puede sentarte como un jarro de agua fría. Es normal que te pongas triste o te enfades: hay montones de cosas que ya no haréis juntas, como la excursión a Stonehenge del año que viene, ir juntas a la escuela o simplemente verse todos los días.

Pero recuerda que tu amiga también está triste, quizá incluso enfadada o resentida, y además, es probable que tenga un poco de miedo, porque va a empezar una vida nueva en otra escuela y todo va a ser distinto.

No hay nada malo en llorar o estar triste, pero animar a tu amiga hará que tú también te sientas mejor. He aquí unas ideas que os pueden ayudar a las dos:

✳ **Haced una lista de planes.** Aunque ya no vayáis a sentaros juntas en clase ni vayáis a dormir una a casa de la otra los fines de semana, quizá podáis veros unos días en verano. Apuntad unas cuantas cosas para hacer en el sitio donde vaya a vivir: cine, teatro, museos, parque acuático, ¡lo que sea!

✳ **Decidid cómo mantener el contacto de ahora en adelante.** Hay montones de maneras: en redes sociales, por teléfono, por videollamada, por WhatsApp... También podéis echarle imaginación y escribiros cartas con papel y pluma, o mandaros postales simpáticas. Hacer este tipo de planes hará que os ilusionéis con la perspectiva de llevarlos a cabo.

✳ **Planead una buena fiesta de despedida** En realidad no se trata de decir adiós, sino de celebrar el inicio de la nueva aventura de tu amiga. Ver cómo se acerca el día de la mudanza puede ser bastante estresante, y preparar una fiesta es una buena manera de que piense en algo más divertido... ¡y de demostrarle cuánto la aprecias!

✳ **Dile cómo te sientes.** Es importante que seas positiva, ¡pero que no crea que no la vas a extrañar y echar muchísimo! Exprésale lo importante que es en tu vida y que, aunque se mude, la amistad no desaparecerá. Si te cuesta decírselo con palabras, puedes darle un regalo significativo, como una foto enmarcada de vosotras dos para que la ponga en su nueva habitación.

* **Haz planes para los días posteriores a la mudanza de tu amiga.** El día de la mudanza va a ser bastante triste. Busca actividades para hacer una vez se haya ido, como escribir en tu diario, dibujar, ver series o jugar con tu perro.

Cómo despedirte cuando la que se va de la ciudad eres tú

Mudarse a otra ciudad puede parecer el fin del mundo, y en parte lo es: estás a punto de cambiar el mundo que conoces por otro nuevo. Tienes que decirle adiós a tu casa, tu ciudad, tu escuela, y lo que es peor: a tus amigas.

No hay una manera fácil de darles la noticia. Puedes decírselo de una en una de forma un poco más íntima o contárselo a todas a la vez para compartir el momento de las lágrimas. Puedes hacerlo en persona o, si temes que se te atraganten las palabras, puedes volcar tus sentimientos en una carta en la que les cuentes cuánto las vas a echar de menos. Es tu noticia y tú decides cómo deseas comunicarla.

Lo siguiente es planear actividades para las últimas semanas que os queden juntas, porque de nada sirve pasarlas con lamentos y caras largas. Id a un concierto, a un partido, de cena a vuestra pizzería favorita, al minigolf o lo que sea. Así, cuando llegue el día de la mudanza, te irás con un montón de buenos recuerdos.

Por último, pero no por ello menos importante, no olvidéis que no es el fin de vuestra amistad. Una vez les hayas dado la noticia a tus amigas, hablad de todas las maneras en que vais a mantener viva la relación: esto os ayudará a entender que no es un adiós definitivo. Es solo un adiós a una época ¡y un hola a la siguiente!

Cuestionario: ¿Qué tipo de ayudante eres?

1. **Tu mejor amiga se ha enterado de que el chico que le gusta desde siempre le ha pedido a otra chica que le acompañe en el baile de fin de curso. La pobre está destrozada y ya no está segura de si ir al baile o no. ¿Qué haces?**

   A. Darle un abrazo gigantesco. Y llorar. ¡Casi tienes el corazón roto tú también!
   B. Listarle todas las razones por las que el chico no se merece a alguien tan especial como ella.
   C. Buscar el último baile de TikTok y aprendérnoslo entero. Si al final decide ir a la fiesta, haréis la coreografía juntas en medio de la pista.
   D. Confeccionáis juntas una lista de pros y contras para ayudarle a decidir si ir al baile o no.

2. **Un día, tras la clase de natación, te fijas en que una compañera de tu equipo está llorando en silencio en un rincón del vestuario. Cuando le preguntas qué le sucede, te cuenta que otra compañera se ríe de su físico siempre que el entrenador no está cerca. ¿Cómo actúas?**

   A. Le digo que lo siento por ella y que le entiendo perfectamente: a mí también me lo ha hecho.
   B. Le digo que es guapísima y que no le haga caso a la compañera.
   C. Voy a informarme todo lo que pueda sobre el acoso con burlas al cuerpo para poder explicárselo a la acosadora en la próxima clase.
   D. Voy a contárselo al entrenador sin perder un instante.

3. **Una amiga tuya es la suplente de la actriz protagonista en la obra de teatro de la escuela. Unos días antes de la representación, la protagonista se enferma, lo que significa que tu amiga va a ocupar su lugar. Al principio se emociona, pero enseguida le entra el pánico escénico: no se siente preparada y piensa en rechazar el papel. ¿Cómo reaccionas?**

A. Es como la vez que fui la cantante solista en el concierto del coro. Le digo que entiendo que da un poco de miedo y que la apoyaré decida lo que decida.

B. ¿Está de broma? ¡Si es la mejor actriz de todo el universo! Le digo que el pánico escénico es lo más normal del mundo y que lo va a hacer genial.

C. Busco en internet actrices famosas que empezaron de suplentes y le enseño la lista.

D. Cancelo mis planes y me paso la tarde ensayando el papel con ella para que gane confianza.

4. **En tu barrio abre sus puertas una nueva escuela. Tú te vas a quedar en la que estás, pero a tu mejor amiga le tocó la otra y está muy triste. ¿Qué le dices?**

A. ¡Qué bajón! Me pongo a llorar con ella e insisto en que es una amiga irreemplazable. El año que viene no será lo mismo sin ella.

B. Intento mirarlo por el lado bueno: no se va a mudar, o sea que nos vamos a seguir viendo muchísimo fuera de la escuela.

C. Busco toda la información que puedo sobre la nueva escuela. A lo mejor tiene actividades extraescolares que la nuestra no tiene y que le pueden gustar, como clases de fotografía o de programación.

D. Hablo con el director o le escribo al consejo escolar para preguntar si pueden hacer una excepción con mi amiga.

5. **Un día, un compañero aparece en clase con unos zapatos carísimos. A la hora de comer, un grupito cuchichea que tuvo que haberlos robado, porque es imposible que pudiera pagárselos. Tú estás convencida de que eso no es verdad, y el chismorreo te hace sentir incómoda, sobre todo cuando te das cuenta de que el chico lo ha oído. ¿Qué haces en esta situación?**

A. Digo bien alto que eso no significa que las haya robado. Yo misma tengo un collar muy bonito que me regaló mi abuela. A lo mejor a él también le regalaron los zapatos.

B. Le dedico una sonrisa a mi compañero y le digo que tiene unos zapatos geniales. A continuación, cambio de tema para que los demás dejen de hablar de ello.

C. Busco los zapatos en internet: a lo mejor están de oferta.

D. Le digo al grupito que deje de chismear, y que si siguen haciéndolo se lo diré a la profesora.

6. **Tu mejor amiga se pierde unos días de clase porque se siente mal. Ese fin de semana vas a su casa y te enteras de que le han diagnosticado diabetes. Está muy triste y la abruman todos los cambios que tiene que hacer en su vida diaria. ¿Cómo actúas?**

A. Le hago una fortaleza de cojines, como cuando éramos pequeñas, y nos escondemos en ella todo el fin de semana para hablar del tema hasta que empiece a sentirse un poco mejor.

B. Le recuerdo la vez que se rompió la pierna y lo pronto que se recuperó con la fisioterapia. Si pudo superar aquello, ¡esto también!

C. Busco información sobre la diabetes para aprenderlo todo sobre los cambios que conlleva en la vida diaria y así poder ayudarla a prepararse.

D. Busco una receta de deliciosas galletas sin azúcar y le preparo una buena bandeja.

7. **Entre toda la familia le regaláis una *tablet* a vuestra abuela por su cumple. Le gusta mucho el regalo, pero unos días más tarde, hablando con ella por teléfono, te confiesa que no sabe muy bien cómo usarla para hacer videollamadas y que le da un poco de vergüenza. ¿Qué haces?**

A. Le digo que no se avergüence, que a lo mejor la *tablet* acaba de instalar una actualización, y que a veces yo también me pierdo un poco cuando pasa eso.

B. La animo a que vuelva a intentarlo. Es más: podemos colgar ahora mismo e intentar hacer la videollamada. ¡Vamos allá!

C. Le paso un enlace a un artículo con instrucciones claras paso a paso para hacer una videollamada.

D. Inicio yo la videollamada. Si es capaz de contestarla, seguro que la próxima vez logra iniciarla ella.

Mayoría de A: La empática

Cuando alguien a quien quieres pasa por momentos difíciles, entiendes a la perfección cómo se siente. Eres la primera en ofrecer abrazos, apoyo y pañuelos de papel, y tu familia y amigos te aprecian muchísimo por ello. Aun así, también es útil preguntarle a la persona si necesita algo más. A veces hay otras maneras de ayudar más allá de una tonelada de mimos.

Mayoría de B: La animadora

Cuando hacen falta palabras de aliento, eres la número uno. Tus seres queridos saben que pueden acudir a ti cuando necesitan una inyección de confianza en sí mismos, porque eres la primera en recordarles lo mucho que valen. Pero ten en cuenta que, a veces, una amiga con dificultades puede necesitar pasar por un corto periodo de tristeza. Eso no significa que no hayas sabido animarla: es solo que nadie puede estar de buen humor el 100 % del tiempo.

Mayoría de C: La investigadora

¿Que una amiga tiene un problema? No se hable más: aquí estás tú para remediarlo. Te pones a buscar información sin demora para encontrar la receta que os llevará directas a la solución. Pero no olvides que, aunque seas una solucionadora de problemas de primera categoría, no todos los problemas tienen solución. Eso sí, siempre puedes usar los datos que encuentres para ofrecer el mejor apoyo posible.

Mayoría de D: La auxiliadora

Lo primero que piensas cuando alguien necesita ayuda es: «¿qué puedo hacer yo?». Enseguida te pones manos a la obra con lo que haga falta: preguntarle la lección a una compañera, recoger la cocina mientras tu madre está trabajando, llevarle todo el chocolate del mundo a tu mejor amiga cuando tiene el corazón roto... No obstante, no olvides escuchar a la persona: a veces, lo que más falta nos hace es poder abrirnos a alguien que esté dispuesto a escucharnos.

PREGÚNTALE A LA EXPERTA

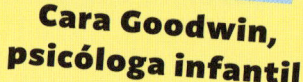

Cara Goodwin, psicóloga infantil

Tengo que decidir a qué escuela ir el año que viene. Me está costando horrores elegir una que me parezca adecuada para mí y que también convenza a mi madre. ¿Qué me aconsejas?
Raffy, 14 años, Connecticut, EE. UU.

Es una decisión difícil. Una buena opción sería sentarte con tu madre a analizar los pros y contras de cada escuela. Escucha lo que ella tiene que decir y cuéntale tus impresiones. Podéis escribir la lista de pros y contras en un papel para verla con más claridad; apuntadlos todos, aunque no estéis de acuerdo, para que ninguna de las dos tenga la sensación de que su opinión vale menos. Una vez hayáis terminado la lista, tomaos un par de días para reflexionar, y luego cuéntale a tu madre lo que has decidido y por qué, apoyándote en las notas que habéis tomado, y escucha también lo que ella tenga que decir. Si seguís estos pasos, seguro que llegáis a una conclusión que satisfaga a ambas. Por último, acordad un día para revisar la decisión si a alguna de las dos le parece necesario.

Es un aprendizaje que dura toda la vida, así que no te preocupes si aún no lo logras del todo. Sin embargo, sí es una habilidad importante, y hay maneras de mejorarla. El primer paso es aprender a identificar tus sentimientos y ponerles nombre. Si un día te sientes «mal», trata de ser más concreta: ¿estás triste, enfadada, preocupada, decepcionada...? Luego observa lo que te dice el cuerpo: por ejemplo, si tienes el corazón acelerado. Este tipo de señales nos ayudan a reconocer un sentimiento cuando se vuelve a presentar. A continuación, trata de usar estrategias que te ayuden a sobrellevarlo. No todas le funcionan a todo el mundo, así que tienes que ir probándolas para ver cuáles son las que te sirven a ti. Algunos ejemplos son: respirar hondo; escuchar música; enfocar la situación desde otro punto de vista; cambiar lo que te dices a ti misma (por ejemplo, decirte que puedes superarlo cuando tu cerebro intenta convencerte de lo contrario); dar un paseo; hablar con un amigo o familiar... También es importante que recuerdes que cuidar de ti misma te ayudará a regular tus emociones, así que no olvides dormir bien, comer de manera equilibrada y dedicar tiempo a descansar. Si crees que aprender a regular tus emociones te está costando más de lo normal, habla con tus padres y proponles que te lleven al psicólogo.

CAPÍTULO 6

¡TÚ PUEDES!

¡Ya basta de dramas! Decíamos que en la vida hay altibajos, pero hasta ahora nos hemos centrado sobre todo de los «bajos»; ahora tocan los «altis». Estás haciendo nuevas amistades y divirtiéndote con actividades nuevas. No te da miedo pedir ayuda, eres capaz de decir que no, y si la vida te da un golpe, sabes manejarlo.

En otras palabras, aunque en ocasiones puedas estar triste o preocupada, eso no te impide tener vida social y, además, con todas las oportunidades que

esta te brinda, pues todo el mundo se da cuenta de la Rebelde tan genial y segura de ti misma que eres. La valentía es exponencial: cada vez que tomas una decisión valiente hace que la siguiente sea más fácil.

No te sorprendas si empiezas a plantearte cosas que antes no te planteabas. A lo mejor empiezas a interesarte por ser la mentora de alguien, por establecer un grupo de voluntariado, por hablar con periodistas sobre los problemas de tu barrio o de tu escuela... Ya nada te puede parar: sea lo que sea lo que quieres hacer, ¡tú puedes!

CÓMO SER UNA GRAN ORADORA

En el momento menos pensado, te llega la información: «Se abren las candidaturas de estudiantes para formar parte del consejo escolar». Y ahora no puedes dejar de pensar en ello. Tienes la cabeza llena de ideas para mejorar la escuela, y sabes que tus amigas te apoyarán y te ayudarán muchísimo con la campaña.

Pero los candidatos tienen que dar un discurso delante de todos los alumnos a los que pretenden representar. Respira hondo. Puedes hacerlo perfectamente. Tendemos a pensar que los buenos oradores lo son de nacimiento, y aunque es verdad que algunas personas tienen carisma natural y les gusta el protagonismo, ¿sabes qué

otra cosa es verdad? Que cualquiera puede aprender a hablar en público, aunque ahora mismo el simple hecho de imaginarte en un escenario enfrente de tus compañeros te haga temblar.

Además, te vamos a contar un secreto: ¡esos increíbles oradores y oradoras que tanto admiras también pasan nervios! Es lo más normal del mundo que te pongas nerviosa cuando tienes todos los ojos encima. El truco está en canalizar la energía de esos nervios hacia lo que dices, para que todo el mundo vea cuánto te apasiona el tema. La próxima vez que tengas que hablar en público, pon en práctica estos trucos:

VOCES REBELDES

«Las mujeres tenemos que pasar de la mentalidad de "no estoy lista para esto" a la de "quiero hacer esto, y voy a aprender sobre la marcha"». Sheryl Sandberg, filántropa y directora ejecutiva de una tecnológica

*   **Haz un esquema y escribe el discurso entero.** Quizá hayas oído que se debe trabajar solo con un esquema, porque si lees todo el discurso, sonará rígido y poco natural. No obstante, escribir el discurso entero te ayudará a encontrar la mejor manera de expresar tus ideas.

*   **Ensaya, ensaya y ensaya.** Empieza leyendo el discurso en voz alta. Sí, leyéndolo, y sí, aunque suene rígido y poco natural. El objetivo no es que te lo aprendas hasta la última coma, sino hacerte una idea de cómo fluye.

*   **Usa tu esquema.** Una vez te sientas cómoda con el discurso leído, deja el texto a un lado e intenta repetirlo apoyándote solamente en el esquema. Recuerda que no tienes que sabértelo entero palabra por palabra: reformularás algunas frases, te saltarás otras y seguramente también improvises algo que no estaba en el guion. Lo importante es seguir adelante sin detenerte. Ningún ensayo te va a salir perfecto, pero tampoco es tu objetivo: cada vez que lo repitas te irá saliendo más natural, y tendrás más confianza en ti misma.

* **Haz ensayos con público.** Empieza con un público pequeño: tus amigas, tus padres, tu hermano o cualquier persona que te pueda animar. Trata de hacer más contacto visual con tu público cada vez que ensayes. Al principio igual te da miedo apartar la vista del esquema, pero te irás acostumbrando.

* **Prepárate bien la víspera del discurso.** Elige la ropa que vas a querer llevar en el escenario: que sea cómoda y te dé seguridad. Decide qué vas a comer: mejor algo que puedas digerir con facilidad, pero eso sí, ¡nunca des un discurso con el estómago vacío! Ah, y otra cosa: antes de salir al escenario, ¡no olvides hacer la pose del superhéroe!

* **Lleva contigo el guion y el esquema.** Sí, durante el discurso debes usar el esquema, pero estarás más tranquila si tienes el guion completo a mano, por si te quedas en blanco de repente.

* **Recuerda que el público está contigo, no contra ti.** A veces estamos convencidas de que la gente que nos mira está deseando que lo hagamos mal, pero, obviamente, no es así. Lo que quieren tus compañeros es ver cómo lo logras, así que respira hondo, sonríe y ¡a por ello!

VOCES REBELDES

«Atrévete a dar el paso aunque te dé miedo y verás qué bien te lo pasas».
Ellie, 11 años, California, EE. UU.

Más consejos para presentar en clase

Dar una presentación ante tus compañeros es una oportunidad excelente para afinar tu capacidad de hablar en público y ganar soltura. Aquí tienes unos cuantos consejos más:

✴ *Incluye humor o anécdotas personales*. Hacer reír a tu público, sobre todo al principio de la presentación, funciona muy bien para romper el hielo y rebajar los nervios. Ni que decir tiene que las bromas deben estar relacionadas con el tema y ser apropiadas para un contexto escolar.

* *Habla con claridad y controla la velocidad.* Cuando estamos nerviosas tendemos a murmurar. A veces hablamos a toda velocidad, y si leemos, vamos muy despacio. Durante los ensayos, concéntrate en hablar de una manera clara y tranquila que facilite la comprensión.

* *Apóyate en elementos audiovisuales.* Ya sean vídeos, archivos de sonido, diapositivas, diagramas, imágenes o lo que sea que pueda enriquecer la presentación. ¡Lo mejor de esto es que los ojos estarán mirando a la pantalla, y no a ti!

* *¡Ponte creativa!* Puedes seguir todas las directrices y, al mismo tiempo, divertirte un poco y darle un toquecillo personal. Si no estás del todo segura de que tu pequeño extra vaya a funcionar, coméntalo primero con tu profe.

* *Interactúa con el público.* Hacer preguntas a tus compañeros, o animarlos a que te las hagan ellos a ti, relaja el ambiente, te quita presión y ayuda a mantener su atención.

CÓMO SER UNA LIDERESA

Cualquiera puede ser un líder, ¡tú también! Da igual que seas introvertida o extrovertida, tímida o habladora, nerviosa o tranquila. Es fácil creer que una lideresa es la persona que está al cargo de una tarea y les dice a los demás lo que tienen que hacer, pero el liderazgo es mucho más que eso: una buena lideresa no les ordena a los demás hacer cosas buenas, sino que les inspira para que las hagan.

* **Las lideresas escuchan.** Cuando te apasiona una causa, es normal hablar de ella, pero también debes escuchar las ideas y las preocupaciones de quienes te rodean.

* **Las lideresas tienen fe.** ¿Crees que puedes cambiar algo para mejor en el mundo? ¡Pues ponte a ello! Así servirás de inspiración a otras personas para que hagan lo mismo.

* **Las lideresas organizan.** Si hay algo que hacer, no esperes a que lo haga otro. No necesitas permiso para ponerte a organizar.

* **Las lideresas resuelven problemas.** Cualquiera que sea tu meta, seguramente te vas a encontrar obstáculos. ¡No te rindas! Cada vez que aparezca uno, encuentra una manera de superarlo y sigue adelante. Por ejemplo, si te enteras de que a un refugio de animales se le están acabando los recursos y quieres ayudar, saca a relucir tus habilidades resolutivas y de liderazgo y organiza un bazar o mercadillo para recaudar fondos.

* **Las lideresas son humildes.** Una buena lideresa es capaz de dejar su ego a un lado: reconoce sus errores y escucha consejos y críticas de otras personas.

Si te interesa aprender más, pregunta en tu escuela o en tu barrio por clases de liderazgo para jóvenes.

Imagínate esto

A Dominique le encanta la escuela. Toca el trombón en la banda, su asignatura favorita es la de ciencias sociales y forma parte del club de debate junto con sus amigas. Pero, aunque le guste, es consciente de ciertos problemas. Por ejemplo, un día mandaron a su amiga Cristina a casa por llevar una falda más corta de lo que permite el código de vestimenta; ¡pero es que Cristina tiene las piernas muy largas! ¿No es una injusticia?

En otra ocasión se hizo una colecta de alimentos para un comedor social, pero apenas se consiguió nada porque casi nadie se había enterado. La directora lo había mencionado un par de veces, pero Dominique cree que tenían que haber puesto carteles por todas partes y repartido una circular para que los alumnos llevaran a sus casas.

El mayor problema es el acoso. Casi nunca hay profesores cerca de las máquinas expendedoras durante los recreos, y hay un grupo de abusones que se ponen al lado, le meten el pie a todo el que pasa y le roban el dinero.

Cuando el profesor del equipo encargado del periódico interno les cuenta que en el siguiente número se publicará una convocatoria para alumnos interesados en entrar al consejo escolar, Dominique empieza a pensar en lo que haría si fuera representante del alumnado en el consejo. Pero de ninguna manera va a presentarse candidata. Tendría que hacer campaña y pronunciar discursos, y nunca le ha interesado ese nivel de protagonismo.

Se lo comenta a sus amigas, y estas le suplican que se presente.

—Tienes ideas buenísimas, Dominique —la anima Cristina—. ¡Podrías mejorar un montón las cosas!

A Dominique se le hace un nudo en el estómago por los nervios, pero también por la emoción. Al final decide presentarse, y sus amigas la ayudan a inventar un eslogan, a pegar carteles y a diseñar octavillas para repartir. Dominique se pasa semanas trabajando en un discurso que incluya todos los problemas que ha observado, así como las soluciones que promoverá si sale elegida. Ensaya todos los días delante de su familia y amigas hasta que se siente preparada.

¡El discurso sale genial! Dominique comete algunos errores, pero los enmienda enseguida. Al terminar, un montón de alumnos a los que ni siquiera conoce se le acercan para agradecerle que haya sacado esos problemas a la luz.

—A mí me mandaron a casa por la camiseta que llevaba, pero mi amiga llevaba la misma camiseta y no le dijeron nada —le cuenta una chica.

—Ya no me da miedo acercarme a las máquinas expendedoras —le dice otro chico—. Me alegra mucho que hayas sacado el tema.

Cuando se hace la votación, ¡Dominique gana! Está contentísima, y cuando piensa en que estuvo a punto de no presentarse, apenas puede creerlo. Ahora puede poner en práctica todas sus ideas y hacer de la escuela un lugar todavía mejor.

Preguntas sobre liderazgo para tu cuaderno

Escribir en una libreta puede ser una herramienta muy valiosa. Poner nuestros pensamientos por escrito nos ayuda a identificar nuestros miedos, preocupaciones, esperanzas y sueños, y nos ayuda a ver con claridad lo que queremos y cómo obtenerlo. Consigue una libreta cualquiera y conviértela en tu cuaderno de liderazgo. Responde en él a las siguientes preguntas y reflexiona sobre lo que significa para ti ser una lideresa.

* ¿Qué cualidades tiene una buena lideresa?
* Nombra a tres líderes que admires (de cualquier ámbito) y explica por qué.
* Describe una ocasión reciente en la que hayas hecho gala de unas excelentes dotes de liderazgo.
* ¿Cuál crees que es el mayor desafío de ser una lideresa, y por qué?
* ¿Cuál crees que es la mejor manera de ganarse el respeto de los demás?
* ¿Cuál crees que es la mejor manera de ganarse la confianza de los demás?
* Describe una situación en la que un conocido haya mostrado dotes de liderazgo mediante hechos en lugar de palabras.
* ¿Cuál es la diferencia entre ser una lideresa y ser popular?
* Menciona a un (o una) *influencer* que sea a la vez un gran líder y explica por qué.
* Menciona a un (o una) *influencer* que NO sea un gran líder y explica por qué.

Cómo ser una aliada de grupos marginados

Ya has aprendido a ser inclusiva cuando haces nuevas amistades. Un aspecto importantísimo de la inclusividad es tener curiosidad por otras culturas y celebrar la individualidad, porque todos somos diferentes, y muchos pertenecemos a uno o varios grupos marginados.

¿Y qué es un grupo marginado? Pues es todo aquel conjunto de personas que comparten uno o más rasgos y que se ven aisladas por la sociedad, tratadas de manera distinta, discriminadas o despojadas de derechos. La discriminación puede basarse en:

* identidad de género,
* orientación sexual,
* discapacidad,
* grupo étnico,
* color de piel,
* estatus socioeconómico,
* religión,
* apariencia física,
* edad,
* salud mental.

Si perteneces a un grupo marginado, ya sabes a qué tipo de injusticias se enfrenta, ¡e incluso puede que ya estés haciendo activismo para que cambien las cosas! Estas diferencias se perciben de manera diferente según el grupo al que afectan; por eso, lo mejor que puedes hacer como aliada de todos los grupos marginados es escuchar las injusticias específicas que sufren. Cuanto más aprendas sobre

VOCES REBELDES

«Mi historia es un canto a la libertad y a la lucha. Trata sobre cómo encontrar tu propósito, cómo superar el miedo y defender causas más grandes que tú misma». Coretta Scott King, activista y escritora la situación de los demás, mejor preparada estarás para defenderlos. Para ello, pon en práctica estos consejos:

* **Busca ejemplos de la vida real.** Si nunca has sufrido un tipo determinado de microagresión (por ejemplo, por el color de tu piel), puede que nunca te hayas dado cuenta de su existencia. Una vez seas consciente de él, ¡pon atención! Cuanto más aprendas sobre las experiencias de otros grupos marginados, con más claridad verás esas microagresiones.

* **Alza la voz.** Si ves u oyes a alguien actuar basándose en sus prejuicios, explícale lo que has aprendido. La mejor manera de hacerlo es con calma y amabilidad. Cuando quieres ayudar, un tono violento o unas palabras agresivas no son efectivos. Recuerda que hubo un momento en el que tú aún no lo sabías tampoco. Hablando de lo cual...

* **No te pongas a la defensiva.** Si te enteras de que usas una palabra que una comunidad considera ofensiva, puedes sentirte culpable e incluso ponerte a la defensiva, porque ¿y tú qué sabías? Bueno, pero ahora ya lo sabes; lo que importa es lo que hagas a partir de ahora.

* **Investiga.** No es responsabilidad de las personas marginadas educar a todo el mundo sobre las injusticias que sufren. Tómate la molestia de investigar por ti misma. Hay muchísimos activistas de todo tipo de comunidades marginadas que comparten recursos gratuitos en internet.

* **Participa.** Si eres testigo de una agresión contra una persona marginada, muéstrale tu apoyo. Que intervengas en la situación depende de tu seguridad: si hay una amenaza de violencia, lo mejor es avisar de inmediato al adulto más cercano, pero si la situación es lo bastante segura para que te puedas entrometer, céntrate en apoyar a la víctima en lugar de enfrentarte al agresor.

QUÉ HACER CUANDO LAS NOTICIAS TE ALTERAN

Te despiertas de buen humor, desbloqueas el móvil y lo primero que ves es la noticia de un suceso horrible. Tu estado de ánimo cae en picado. Ahora tienes miedo, estás triste y ya no te quieres levantar en todo el día.

A veces, nos da la impresión de que nadamos en un mar infinito de malas noticias, y el mundo es un lugar terrible y peligroso; esto nos hace sentirnos inseguras. Además, las redes sociales desempeñan un papel muy importante en la manera en que compartimos las noticias. Piénsalo: antes de internet, la gente tenía que acudir a periódicos, televisión y radio para enterarse

de lo que pasaba en el mundo. Ahora tenemos información actualizada al minuto sobre cualquier tema y en cualquier momento. Eso abruma a cualquiera. Por lo tanto, depende de nosotras gestionarnos de tal manera que podamos estar informadas y cuidar de nuestra salud mental al mismo tiempo. He aquí algunos consejos que puedes seguir si te alteran las noticias:

* **Establece «horarios de información».** Dedica un momento determinado del día a leer las noticias y, si es posible, recurre a sitios web pensados para niños o gente joven. Si enterarte de las malas noticias por la mañana te fastidia el día, prueba a leerlas a la hora de comer, por ejemplo; o, si por la noche te impiden dormir, léelas al salir de clase.

* **Usa los filtros de las redes sociales.** Casi todas te permiten bloquear las publicaciones de determinadas fuentes o que usen determinados hashtags. Activa esos filtros cuando quieras ver contenido sin que te aparezcan noticias.

✳ **Busca buenas noticias.** Muchas veces, la prensa se centra en los sucesos más tristes o aterradores, pero hay muchos periódicos y boletines que se centran en temas más positivos. Halla tu equilibrio perfecto a la hora de seguir y suscribirte a cuentas y páginas de noticias.

✳ **Apártate de internet con frecuencia.** Deja el teléfono a un lado y descansa de las noticias. Para reducir el estrés, anda en bici, juega un partido de futbol con amigos, organiza una reunión con juegos de mesa o da un paseo por el barrio.

✳ **Pasa a la acción.** A veces, la mejor manera de reaccionar a una mala noticia es hacer algo por mejorar la situación. ¿Que ha habido una inundación en la ciudad de al lado? Únete a un grupo de voluntarios o haz donaciones para las víctimas. Sea participando en una manifestación, compartiendo recursos útiles en tus redes sociales o firmando peticiones, poner tu granito de arena te tranquilizará y te ayudará a centrarte en algo positivo.

15 maneras de contribuir a mejorar tu comunidad

Pon en práctica estas ideas para producir un impacto positivo.

✳ Dona ropa y juguetes viejos a alguna ONG de tu ciudad.

✳ Hazte voluntaria en un comedor social o en un banco de alimentos.

✳ Únete a un equipo de limpieza de parques o playas.

✳ Ayuda en una biblioteca durante una recolecta de donaciones.

✳ Ponte en contacto con el ayuntamiento para atraer su atención a los problemas de tu barrio.

✳ Asiste a reuniones del consejo escolar.

✳ Haz un curso de primeros auxilios.

✳ Participa en las actividades de algún grupo ecologista.

✳ Escribe postales a soldados destinados al otro lado del mundo.

✳ Colabora en el jardín comunitario de tu barrio.

✳ Ayuda a los ancianos de tu barrio con las tareas domésticas.

✳ Habla con tus papás y amigos sobre compartir coche.

✳ Hazte mentora u orientadora.

✳ Usa bolsas de tela cuando vayas de compras.

✳ Recoge basura del suelo y échala al contenedor.

PARA DONAR

Cuestionario: ¿Qué cambios positivos puedes hacer?

1. Todos los años hacéis una excursión, cada vez a un lugar distinto. ¿Adónde te gustaría ir este año?

A. Al acuario.
B. A la reserva natural.
C. Al parque de atracciones.
D. Al ayuntamiento, para hacer una visita guiada.

2. ¿A cuál de estas fantásticas Rebeldes te gustaría más parecerte?

A. Genesis Butler, activista por los derechos animales y una de las ponentes más jóvenes de la historia de TEDx.
B. Greta Thunberg, activista medioambiental que participó en la Cumbre del Clima de la ONU.
C. Marley Dias, escritora y fundadora de #1000BlackGirlBooks.
D. Kenidra Woods, organizadora de la Concentración Nacional por la Paz en respuesta a la violencia con armas de fuego de su comunidad.

3. Has solicitado una beca que requiere hacer 20 horas de trabajo social. ¿Cuál de estas cuatro opciones elegirías?

A. Colaborar con un refugio de gatos callejeros.
B. Unirte al equipo de limpieza del parque municipal.
C. Visitar la residencia de ancianos.
D. Trabajar como voluntaria en el mercado de productos agrícolas.

4. Tu familia va a hacer una gran donación a una ONG. ¿Cuál elegirías?

A. Refugio Battersea para perros y gatos.
B. Rainforest Foundation (protección de las selvas tropicales de América).
C. Save the Children (defensa de los derechos de la infancia en el mundo).
D. Una ONG local que se centre en mejorar la comunidad en la que vivo.

5. ¿Con cuál de las siguientes citas te identificas más?

A. «No es posible compartir tu vida con un perro o un gato sin darse perfecta cuenta de que los animales tienen su propio carácter, mentalidad y sentimientos». Jane Goodall

B. «Estamos en el mundo para cuidar de la vida. Estamos en el mundo para cuidarnos los unos a los otros». Xiye Bastida

C. «No creo que una persona pueda defender la libertad para un grupo de personas y negársela a otro». Coretta Scott King

D. «Con demasiada frecuencia, el amor se queda enterrado bajo un mundo de dolor y miedo. Tenemos que trabajar y desenterrarlo para poder compartirlo con nuestra familia, nuestros amigos y nuestros vecinos». Dolly Parton

6. Piensa en las cuentas que sigues en redes sociales. Si tuvieras que separarlas por categorías, la más numerosa sería:

A. Animalitos.
B. Lugares fantásticos del mundo.
C. ¡Selfis!
D. Amigas, familia y cosas que me gustan de mi comunidad.

7. Las noticias te están afectando emocionalmente. Es hora de guardar el móvil y desconectar. ¿Cuál es tu actividad favorita para calmarte?

A. Jugar con mi perro en el parque.
B. Tomar la bici e irme a dar un paseo por el sendero del bosque.
C. Animar a lo loco con mis amistades durante un partido de futbol.
D. Sacar un libro de la biblioteca y sentarme en un banco a leer.

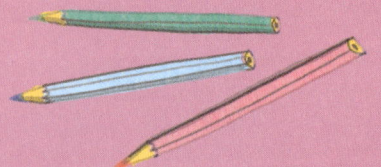

Mayoría de A: Defensora de los animales

Te apasionan todas las criaturas grandes y pequeñas. Puede que la protectora de animales de tu barrio acepte voluntarios para darles de comer, jugar con ellos o sacarlos de paseo. Otra opción es buscar programas de conservación de la naturaleza por tu zona. Vivas en una ciudad o en un pueblo, en la costa o en las montañas, la fauna es sin duda muy diversa, y lo más seguro es que haya bastante actividad de grupos ecologistas.

Mayoría de B: Protectora del planeta

Glaciares que se derriten, temperaturas que no paran de aumentar y clima extremo: sabes bien que el cambio climático es un problema enorme, y estás dispuesta a hacer todo lo que puedas al respecto. Puedes buscar organizaciones ecologistas que se dediquen a actividades como la limpieza de senderos forestales, parques o playas. Si vives en una zona agrícola, muchos agricultores aceptarán con gusto voluntarios que les ayuden a recoger frutas y verduras. Otra opción es buscar un programa medioambiental para jóvenes que tome iniciativas políticas como convocar manifestaciones y contactar con miembros de la administración pública.

Mayoría de C: Entusiasta de los servicios sociales

¡Te encanta tratar con gente! Cuando ves a una persona necesitada, no descansas hasta que logras ayudarla. Hay muchas asociaciones juveniles con programas de voluntariado. También puedes visitar a ancianos en residencias, o a niños de hospitales infantiles. Es posible que en tu comunidad haya refugios para personas sintecho, inmigrantes y refugiados, así como comedores sociales y bancos de alimentos. Todos ellos necesitan jóvenes comprometidas como tú para echar una mano.

Mayoría de D: Apasionada de la comunidad

Sabes exactamente qué es lo que hace especial a tu comunidad y te encanta vivir en ella. Ve al centro social, a la oficina de turismo o al centro de artes y pregunta si necesitan voluntarios para organizar festivales o eventos deportivos o de cualquier otro tipo. Si hay una tienda del barrio (una librería, una tienda de ropa, una panadería...) a la que tengas especial cariño, habla con los dueños y pregúntales cómo puedes ayudarles a promocionarse.

PREGÚNTALE A LA EXPERTA

Cara Goodwin,
psicóloga infantil

En mi grupo de Girl Scouts vamos a hacer una actividad nocturna y dormir fuera de casa. Me pone un poco nerviosa pasar la noche lejos de mi familia. ¿Qué me aconsejas?
Cassie, 10 años, Maryland, EE. UU.

Una actividad nocturna puede ser muy emocionante y, al mismo tiempo, bastante estresante. Cuando pienses en ella, trata de centrarte en las partes positivas y divertidas. Piensa por qué te inscribiste a la actividad: quizá porque tenías ganas de pasar más tiempo con tus compañeras, o porque querías hacer algo distinto a lo habitual. Puede que, aun así, eches de menos a tu familia en algunos momentos, y no hay nada de malo en eso. En momentos así puedes hablar con una amiga cercana, por ejemplo, o pensar en algo divertido que vayas a hacer con tu familia cuando vuelvas a casa. Aunque los nervios te den ganas de quedarte en casa, no te rindas a la inseguridad; de lo contrario, cada vez te costará más hacer estas excursiones.

¿Con qué frecuencia debo probar cosas nuevas?
¿Es normal que no me gusten?
Neva, 11 años, California, EE. UU.

Es muy normal que te cueste probar cosas nuevas: a la mayoría no nos gusta la incertidumbre que nos provoca lo impredecible, y preferimos quedarnos en nuestra rutina, que es mucho más fácil porque la conocemos bien. Es complicado decir con qué frecuencia debes hacerlo, porque depende de cómo te sientas tú, pero sí te animo a que pienses en todo lo bueno que te puede aportar hacer algo distinto: amigos nuevos, aficiones nuevas y convertirte en una persona más valiente y extrovertida. Puedes ponerte la meta de probar algo nuevo una vez al mes, por ejemplo, aunque sean cambios pequeños, como probar un nuevo sabor de helado. Poco a poco te irás dando cuenta de que no tiene que darte miedo, al contrario: ¡es divertidísimo!

RECURSOS

Libros

El mundo es tuyo: Manual para chicas, de Katty Kay y Claire Shipman
Somos chicas poderosas, de Nona Willis Aronowitz

Pódcasts

10 for Tweens + Teens
A Kids Book About: The Podcast
Mostly Mindful for Teens and Tweens
Rebel Girls Growing Up Powerful Podcast
Tai Asks Why?
This Teenage Life

Sitios web

Anxiety in the Classroom | anxietyintheclassroom.org/student
Childline | childline.org.uk
Girls' Life | girlslife.com
Miss O and Friends | missoandfriends.com
Nemours KidsHealth | kidshealth.org/en/kids
StopBullying | stopbullying.gov/kids
Your Life Your Voice | yourlifeyourvoice.org

Y dos para tus padres:

Libro

Esto es muy incómodo. Pubertad moderna explicada, de Cara Natterson y Vanessa Kroll Bennett

Pódcast

Dear Highlights Podcast

DESCUBRE A LAS CREADORAS

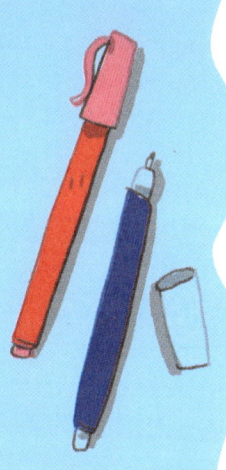

MICHELLE SCHUSTERMAN es autora de más de 20 novelas aclamadas por la crítica para niños y niñas de 8 a 12 años y jóvenes lectores adultos. Sus obras han recibido críticas positivas de *Kirkus Reviews*, *Booklist* y *Publishers Weekly*, y se han incluido en varias selecciones de la Junior Library Guild, así como en las listas *CBCC Best of 2019*, *ALA's Rainbow List*, *Quick Picks for Reluctant Readers List* y *NC State College of Education Comic Relief Reading List*. También es editora del área de desarrollo de Dovetail Fiction, la división para jóvenes adultos de la editorial Working Partners. Encontraréis a Michelle recorriendo montañas, desiertos y playas en furgoneta cámper con su marido y Rosa, su perra labrador.

CARA GOODWIN es fundadora de Parenting Translator, doctora en psicología clínica infantil, escritora superventas y madre de cuatro hijos. Como psicóloga, se especializa en seguir los últimos descubrimientos científicos y «traducirlos» a un lenguaje adaptado a la vida diaria de padres, cuidadores y niños. Puso en marcha Parenting Translator para poner a disposición de las familias información útil, relevante, precisa y respaldada por la ciencia. Se graduó en Psicología y Neurociencia por la Universidad de Virginia, hizo un máster en Psiquiatría del Desarrollo por la Universidad de Cambridge y otro en psicología infantil por la Universidad Vanderbilt, disciplina esta última en la que posteriormente se doctoró por la Universidad de Carolina del Norte. Puedes visitar su sitio web www.parentingtranslator.com, seguir su cuenta de Instagram @parentingtranslator y suscribirte a su Substack parentingtranslator.substack.com.

JULIA CHRISTIANS ¡Hola! Soy Julia, una alegre ilustradora de libros infantiles procedente del corazón de Alemania. Tengo un diploma en Diseño para la Comunicación por la Universidad de Artes de Brunswick (promoción de 2011) y llevo creando mundos de colores desde el primer día. En 2018 empecé mi loca aventura de ilustradora autónoma, en la que doy vida a los más diversos personajes y pinto historias que se escapan de las páginas a la realidad. Mi hogar es el profundo y misterioso seno del macizo del Harz, donde vivo con un equipo formado por un devoto marido, una camada de niños risueños y unos cuantos perritos traviesos.

Cuando no estoy blandiendo mi leal pincel, salgo a explorar los secretos del bosque para buscar la inspiración en cada crujido y cada murmullo. Con mis ilustraciones quiero despertar la curiosidad e invitar a las mentes jóvenes a embarcarse en fascinantes aventuras.

Da un salto y entra en mi mundo de dibujos, donde cada pincelada es un pasaje a un mundo de imaginación, y cada página, una invitación a danzar con la creatividad.

MÁS DE REBEL GIRLS

Deja que las historias de mujeres reales
te entretengan y te inspiren. En este volumen de la serie
Cuentos de buenas noches para niñas rebeldes hay 100 relatos
de mujeres valientes y extraordinarias y, además cuenta con
las ilustraciones de artistas de todo el mundo.

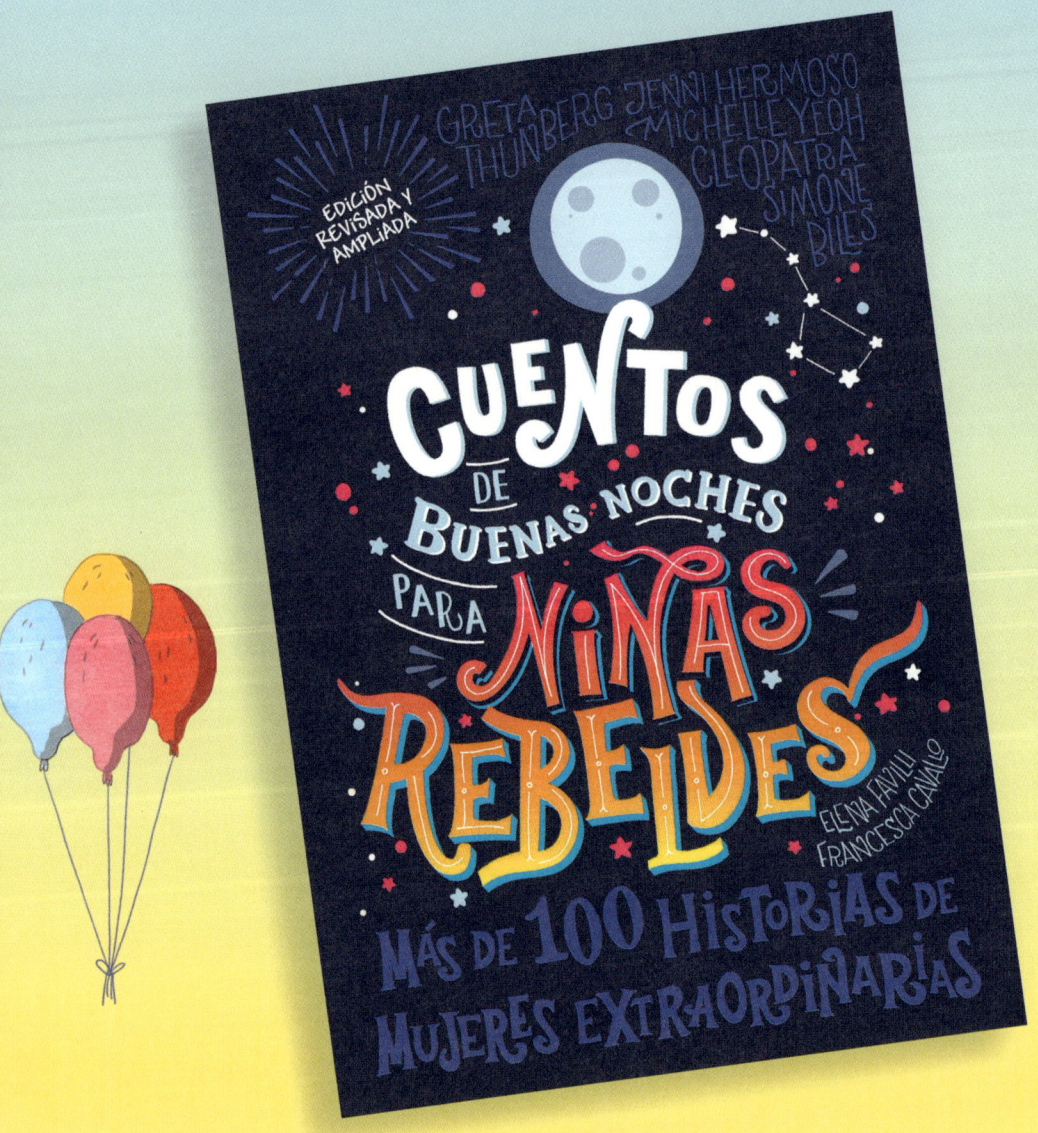

En *Querida Rebelde*, 60 chicas adolescentes y mujeres nos cuentan sus consejos, experiencias y el secreto de su éxito a través de cartas, poemas, ensayos y aurretratos.

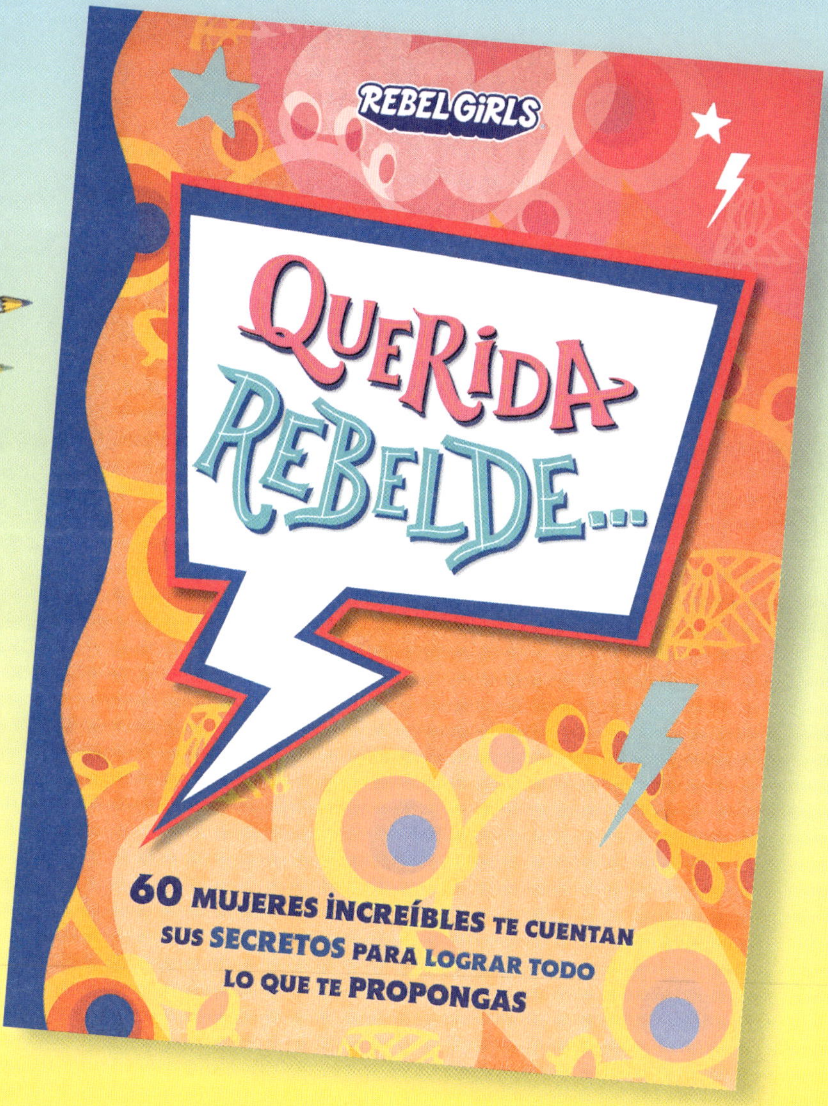

Somos chicas poderosas.
La adolescencia conlleva muchos cambios para las chicas. Por un lado
están las cosas emocionantes: hacer amigos, descubrir tus superpoderes
y encontrar tu lugar. Luego están las cosas no tan divertidas:
cambios corporales, estrés escolar y ansiedad social.
¡Es entonces cuando descubrirás a la Rebel Girl que llevas dentro!

El dinero importa.
¿Tienes una hucha que te gustaría convertir en una cuenta de ahorros?
¿Estás lista para montar tu propio negocio? ¿Necesitas consejo
sobre cómo comprar de forma inteligente con el dinero que tanto
te ha costado ahorrar? Este libro te ofrece todo lo que necesitas
para estar más informada y mejor preparada a la hora
de tomar decisiones sobre tus ingresos, ahorros o gastos en el futuro,
sea cual sea tu nivel de conocimiento sobre el mundo de las finanzas.
¡Porque el dinero importa, y es importante perderle el miedo!

SOBRE REBEL GIRLS

REBEL GIRLS, una empresa con certificación B Corporation por su labor social, es una marca internacional multiplataforma de empoderamiento, dedicada a contribuir a la educación de la generación de niñas más inspiradas y seguras de sí mismas, mediante contenido, actividades, productos y comunidad. Surgida a raíz de un libro infantil superventas, Rebel Girls divulga historias de mujeres extraordinarias de la vida real de todos los países, épocas y ámbitos. Con una comunidad creciente de 30 millones de autoproclamadas Niñas Rebeldes de más de 100 países, la marca se dirige a la generación alfa mediante su serie de libros un pódcast, eventos y merchandising. Hasta la fecha, Rebel Girls ha vendido 11 millones de libros en 50 idiomas y ha alcanzado los 40 millones de escuchas. Entre los reconocimientos recibidos se encuentran el Premio Apple de Diseño en la categoría de impacto social, varios premios Webby en la categoría de familia, infancia y educación y la inclusión en la lista de bestseller del diario *New York Times* y en la selección de Common Sense Media.

Como empresa con certificación B Corporation, formamos parte de una comunidad mundial de empresas con altos estándares de impacto social y medioambiental.

¡Únete a la comunidad Rebel Girls!

Visita rebelgirls.com y suscríbete a nuestra lista de correo para encontrar adelantos exclusivos, promociones, actividades y mucho más. También nos puedes escribir a hello@rebelgirls.com.

- ✦ **YouTube:** youtube.com/rebelgirls
- ✦ **App:** rebelgirls.com/audio
- ✦ **Pódcast:** rebelgirls.com/podcast
- ✦ **Facebook:** facebook.com/rebelgirls
- ✦ **Instagram:** @rebelgirls
- ✦ **Email:** hello@rebelgirls.com
- ✦ **Página web:** rebelgirls.com

Si te ha gustado este libro, por favor, escribe una reseña sobre él en el sitio que prefieras.